蹲下来和孩子说话

萌妈 Cecilia 著

民主与建设出版社

· 北京 ·

图书在版编目（CIP）数据

蹲下来和孩子说话 / 萌妈 Cecilia 著 .-- 北京：民主与建设出版社，2020.8
ISBN 978-7-5139-3116-8

Ⅰ . ①蹲… Ⅱ . ①萌… Ⅲ . ①儿童教育 – 家庭教育 Ⅳ . ① G782

中国版本图书馆 CIP 数据核字（2020）第 117441 号

蹲下来和孩子说话
DUNXIALAI HE HAIZI SHUOHUA

著　　者	萌妈 Cecilia
责任编辑	程　旭　周　艺
封面设计	平　平 @pingmiu
出版发行	民主与建设出版社有限责任公司
电　　话	（010）59417747　59419778
地　　址	北京市海淀区西三环中路 10 号望海楼 E 座 7 层
邮　　编	100142
印　　刷	天津旭非印刷有限公司
版　　次	2020 年 8 月第 1 版
印　　次	2020 年 8 月第 1 次印刷
开　　本	880 毫米 ×1230 毫米　1/32
印　　张	8
字　　数	170 千字
书　　号	ISBN 978-7-5139-3116-8
定　　价	42.80 元

注：如有印、装质量问题，请与出版社联系。

推荐序

郑　鑫

《父母世界Parents》新媒体总监

睿智的人更容易吸引我，cecilia正是这样一个人。

第一次读cecilia的文字，就觉得与众不同，她对育儿话题科研工作者式的不断追问、求证，每每都能打开看问题的新角度。在知乎上长期看她的文章，使得我们虽未谋面，但早就有了相知的感觉。

我们第一次见面，是在父母世界Parents年度影响力父母颁奖礼上，cecilia获得了这项殊荣。真的是文如其人，她温润优雅，友善的目光里满是智慧。

聊起如何带两个娃，还能写出大批高质量的文字？

她跟我说，会尽量把孩子的事和自己的事融到一起。比如做饭时，孩子们会分担不同的任务；自己写作时，孩子也在她旁边看书、学习。她常会给孩子一个思路，让他们自主设计一个主题活动，或者让孩子们玩她"自主研发"的数学游戏。

和孩子一起"工作"，好有智慧的妈妈！

这样跟孩子相处的模式告诉我，cecilia的育儿心得《蹲下来和孩子说话》应该很值得大家分享，果然，我的感觉没错。

细读cecilia的书，有一种遇到知音的感觉。这些年，在手机、互联网的裹挟下，我们的阅读越来越碎片化，在社交媒体看到的内容，更多是收获一盆鸡血，和几条被搬运过来常识，过几十分钟就连同午饭一起下肚了，对真正的育儿生活难有助益。

但有的文字，突破你的理解范畴，挑战你的认知，阅读时同样挑战你的耐心和专业度，但看完后却如沐一场甘霖，心下畅快，有些惯常思维已在不知不觉中被改变，甚至很多年后，它居然成了你育儿观里的一部分。

这样没有鸡血的文字，该多读！ cecilia 的文字是为数不多，让父母清醒的文字之一。

"孩子的内在动机越强，提供的外在奖惩需要越少，'响鼓不用重锤'！"

"当父母不断地对孩子的撒谎行为进行处罚和责骂时，其实是在不停地强化孩子的撒谎意识，这极可能会导致孩子下意识地表现出更多的撒谎行为。"

"当我们发现路边长了杂草时，应该怎么办？这些杂草可能会'野火烧不尽，春风吹又生'的，无论你费多大的力气去除草，它们总是能再度席卷而来……而当好的种子在路边扎根时，杂草的种子自然就无处落脚了。"

……

这些睿智的语言像珍珠一样，点缀在字里行间，娓娓道来，给我们豁然开朗的感觉。

今天的父母，都是自己的意见领袖，育儿观念也五花八门，我常常在社交媒体上看到父母因为一个观点争论不休，这是一件好事，事情总是越辨越明了。

但很少有父母对真知的渴求如同 Cecilia，仅仅因为"孩子听不进父母的话"这样一件小事，遍查国内外文献、心理著作、实验数据，用洋洋洒洒几十万字，把这件小事讲清道明，又找到合适的工具帮父母解决与孩子沟通之难。

她在大量阅读的同时，也经历一个消化、吸收与排泄的过程，并在此基础上形成了自己的智慧。

博览群书进入无书的境界，书成了我们思想的养分，cecilia的科研式地探索思考，为父母们提供了一个参考模式。如果父母将这种对问题的追索功夫学到，育儿之路就是一条明朗的坦途了。

自序

在全球范围内，总有很多父母选择以打骂的方式管教孩子，并认为这是最简单和有效的。

可是，打骂完孩子之后呢？

我们常常在站着训完话后，因心中的内疚作祟又跪着跟孩子道歉，希望能拉近和弥补亲子关系；而下一次遇到问题时，我们又会从站着教训到跪着和解……

父母这样摇摆的立场很容易让孩子感到困惑，缺乏安全感，甚至影响脑部发育。

事实上，如果有可能，没有父母愿意打骂自己的孩子。

在近几十年，随着世界范围内心理学家和教育学家在家庭教育方面研究的不断深入，越来越多亲子沟通的实用工具开始崭露头角。

本书基于美国积极养育课程、美国正面管教课程和现代儿童心理及家庭教育研究的成果，为父母带来了10项有效的亲子沟通工具，鼓励父母蹲下来和孩子说话，让亲子双方在平等、相互尊重和理解的氛围中共同面对和解决问题。

CONTENTS

目录

工具篇 比打骂更有效的 10 个超级亲子沟通工具

附 录

比打骂更有效的 10个超级亲子沟通工具

　　当我们最容易被激怒的时候，就是孩子不听话甚至和我们对着干时。

　　孩子所表现出来的不听话，未必是叛逆或者不敬，多数时候是因为亲子之间的沟通不畅，难以理解对方，更无法达成共识罢了。当沟通失效时，我们很容易就想到用别的方式——例如打骂——来迅速地解决问题。

　　如果有可能，我们都不想打骂自己的孩子，都不想成为孩子眼里的恶人——有时候，打骂孩子是因为我们在亲子沟通时备感无助，下意识地重复了上一辈的管教方式。

　　接下来，我将为大家介绍10种行之有效的亲子沟通工具。

工具1：积极暂停

所谓积极暂停，就是父母能在生气之前主动停下来，留给自己的专门用于平复情绪的空间和时间。

空间——最好能到别的房间里去，暂时不出现在另一方面前；

时间——没有特别的规定，等到情绪平复得差不多时，就可以继续沟通了。

积极暂停，是构建良好沟通的必备工具之一。只有当我们学会如何及时地停下来，才有可能让整个沟通的过程持续。

不知你是否有过这样的体会：忍一时越想越气，退一步越想越亏。

研究发现，当我们处于愤怒情绪的时候，大脑的神经会进入一个死循环：这件事不对劲，让我们很生气，生气的原因是这件事不对劲，让我们更生气……

只要我们还在这个死循环中思考，就容易越想越来气。此时，我们心底的愤怒就像烫得可怕的地底熔岩一样，不断地翻滚涌动，只等某一刻轰然爆发！

而且，我们很容易在矛盾爆发时说一些言不由衷的话。这是因为，当我们和孩子进行对抗时，大脑中负责理性思考的前额叶皮层就会停止工作，只剩负责"攻击、僵直和逃跑"的脑干和杏仁核继续工作——因此你随时可能向对方发起猛烈的攻击，或者陷入回避式的沉默。

如果你能掌握积极暂停这一工具，至少能确保不让事态升级。

明明是孩子不听话，为什么要父母停下来？

这是因为我们的大脑中存在着被科学家称为"镜像神经元"的物质。

我们可以将镜像神经元简单地理解为：我们会像镜子里的人一样，复制和模仿其他个体的行为。

使用婴儿眼动追踪技术的数据表明，宝宝的镜像神经元系统在一周岁之前就已经发育成熟，这可以帮助婴儿理解他人的行为。

迄今为止，镜像神经元已在灵长类（比如最早的猴子）、鸟类等动物身上发现。目前，人脑的前运动皮质、运动辅助区、第一躯体感觉皮质、顶叶下皮质等区域都找到了此类神经元。

目前对镜像神经元的讨论有很多，虽然有的议题尚未取得实质进展，但多项独立研究都认为，镜像神经元系统与人类的情感和同理心有关。

有一个有趣的实验：

让第一组人置于有难闻气味的房间，这些气味会激活他们的前脑岛和前扣带皮质脑区。

实验人员录下了第一组人的表情，再播放给第二组人观看。

结果发现，这些表情同样激活了第二组人的前脑岛的同样位置！

换句话说，就是第二组的人虽然没有闻到难闻的气味，但通过观看第一组人的表情，自己仿佛也闻到了难闻的味道——这就是镜像神经元的作用。

当父母或孩子摆出一副战斗姿态时，对方一般会用积极应战的姿态来对应。一件明明不大的事情，一旦陷入火爆的争执，就很容易脱离一开始争辩的主题，令双方互相伤害。

所以，解决问题的关键是——从争吵中跳出来。

是的，我当然知道，要从争吵中跳出来并不是一件容易的事，有时候我们会想：为什么我要先让步？为什么不是孩子先让步？但请记住镜像神经元的作用——当我们恢复理性时，孩子也会渐渐平静，恢复理性。

我们的目标是孩子的改变，而不是利用父母的天然权威压得来的"胜利"。

想要从情绪中跳出来，就可以使用积极暂停的方法，等大家情绪平复后，再开始有效的亲子沟通。

父母和孩子都需要的积极暂停

传统的家庭管教中，总是有罚站的一席之地。罚站是有积极意义的，相较于打骂，罚站的仪式感更能让孩子意识到自己做错了事，并让家长和孩子都得以冷静下来。

然而，罚站的前提是孩子得认罚——如果孩子打滚哭闹不已，他根本不愿意站起来，更别说乖乖站在墙角接受惩罚了！与此同时，罚站还带有一种居高临下的意味，父母正在利用自己的权威强行要求孩子一动不动！

现在，我们有了一种更好的方案，那就是——积极暂停。

积极暂停简单易行，但要注意的是：积极暂停不是一种惩罚，而是让使用人在情绪失控之前先停下来缓口气，好好地调整自己的负面情绪。如果条件允许，可以在家里设置一些积极暂停角，可以是书房、卧室、阳台、走廊……家里的任何地方都可以，但最好是某个专属的空间。

以往流行的罚站、反思角、面壁思过等方式，都是具有惩罚性质的。父母以自己作为家长的权威强行要求孩子服从，必须以停止、站立等姿势待在某些位置，虽然也能平复孩子的心情，但存在两个问题：

一个问题是，孩子的这种暂停和冷静不是自发的，而是由父母强加给他的。孩子一旦习惯了这种强制暂停，当父母不在场时，孩子便可能控制不住自己的情绪。

另一个问题是，随着孩子年龄的增长，他的行为越来越不受控，如果父母无法要求他停下来，他就不一定能保持冷静了——从前的惩罚会让他将自我冷静和受到惩罚的负面情绪联系在一起，这会让他下意识地逃避冷静，甚至顺从自己的暴躁情绪。

如果我们自己的积极暂停是离开原地，去别的房间待着，却要求孩子的积极暂停是待在我们面前一动不动，直到他能说出我们想听的话，直到他能臣服于我们——孩子往往会感到迷惑：为什么父母拥有短暂离开的特权，而我就必须接受惩罚？

所以，孩子需要积极暂停，父母同样也需要积极暂停。关于积极暂停的准备和练习，父母可以和孩子同步进行。

第一步，寻找合适的地方，搭建舒适的积极暂停角。

父母和孩子在家中选择一个舒适的区域——孩子可以选择一个适合自己的纸箱、帐篷、地垫等，父母可以选择让自己安静的书房、阳台等。选好以后，就可以自由地装饰这里了。

我们可以帮助孩子选一些心爱的贴纸、卡片，甚至使用涂鸦等方式将这个空间装饰好，再摆上一两件孩子心仪的玩具。

最后，让孩子为这个空间起个名字。低龄孩子可能喜欢城堡、战舰、太空船等名字，而年龄稍大点的孩子未必愿意和你分享他取的名字。那也没关系，将其称为积极暂停角就好。

第二步，鼓励孩子在积极暂停角玩耍，让他在那里建立安全感。

孩子可以在任何时候回到自己的专属空间玩耍，看书、讲故事、玩玩具都可以。这里是在家庭范围内单独为他开辟的一块专属空间，能让他获得安全感。

第三步，当孩子或父母的情绪上扬时，主动或者建议对方去积极暂停角。

做这一步的时候，要注意的是千万不要勉强对方过去。父母可以拉着孩子的手，将他引导过去；但绝对不要将孩子硬拽过去——否则，这种隔离又变成了一种惩罚。而一旦营造了彼此之间对立的气氛，就容易影响接下来的沟通效果。

如果孩子不愿意立刻去自己的积极暂停角也没关系，父母可以主动选择去到另一个房间，暂时和孩子隔离开来。

请记住，由于人类的大脑里有镜像神经元的存在，我们的行为必定会影响孩子的行为。所以，当孩子的大脑受到愤怒等负面情绪影响时，身为成人的我们需要掌控局势——比如，选择积极暂停，从而改变僵持、对峙的局面。

在事情失控之前选择悬崖勒马

我猜，绝大多数父母可能都有过这样的经历：

辛苦了一周，终于到了休息日，特别想给自己放个假，也想着能好好在家陪陪孩子。身为父母的我们暗自下定决心，今天无论如何也不会对孩子发火。但是，孩子好像存心要考验妈妈的忍耐力：刚起床就在床上蹦来跳去，穿衣服的时候挑三拣四，刷牙的时候把水弄得到处都是，吃饭的时候把桌子搞得一塌糊涂，刚刚收拾干净的房间搞得乱七八糟，玩具丢了一地，还把书给撕破了……你想起了自己"今天不发脾气"的决心，一直忍耐着。

上午终于相安无事地过去了。吃完午饭，到了午睡的时间，孩子却说什么也不肯睡午觉。这时，又累又困的父母再也压不住火气了。接下来，也许你会给孩子来一场疾风骤雨般的洗礼。

当然，每一次发完脾气后，你都会深感后悔，但下一次仍然按捺不住自己的脾气，仍然会对孩子发火。

当你被愤怒控制时，比起质问孩子为什么错了，你更需要的可能是积极暂停。

深呼吸、原地踱步、稍微冷静一下之后，想清楚了事情的前因后果，也想清楚了接下来要怎么办，再开始和孩子沟通。

因为，这样的沟通可能是更有效率的；同时，也是我们向孩子展现情商（EQ）的时刻。

所谓情商，包括：

＊识别自己和孩子情绪的能力

＊处理自己和孩子情绪的能力

＊如何以积极的方式来使用情绪的能力

如果暂时走不开，也可以对孩子说出自己的真实想法："妈妈现在非常非常生气，快来和我一起做10个深呼吸！"

察觉到自己和孩子的情绪

我们该做点什么才能让自己在发脾气之前及时停下来呢？这就需要平时的不断练习。

首先，我们需要觉察的是——自己何时开始生气。

每个人生气的时候一定会有相应的生理特征。有人会感觉自己的胸口闷闷的，好像压了一块大石头；有人会感到自己嗓子里憋得难受，像是喘不过气儿来；有人会感觉一股热流直冲上头，下一刻就恨不得开始搞破坏；有人会觉得自己被一种不可知的力量所控制，手脚都在微微地颤抖；有的人会气得说不出话来，如鲠在喉；当然，还有人会感觉想要躲避和逃跑。

其次，用心记住自己关于生气的感觉。

我们可以仔细回忆并记住生气时的感觉，甚至可以用纸和笔将自己生气时的感觉详细地描述出来，以便更好地识别自己生气和即将爆发时的不同状态。

当我仔细回想自己生气的时候，就会觉得脑门突然一热，身体就像要爆炸似的，并且我的双手会开始发抖，一股不明来由的力量在体内流转，希望能找到任何一个出口迸发。

请记住这样的感觉！

再次，练习对自己喊"停"。

不论父母还是孩子，当我们仔细地查明自己生气的预兆时，都可以进行下一步的练习，那就是主动喊停。让自己停下来，这时候积极暂停角就发挥作用了，当我们回溯事情发生的经过，并且模拟那种充满怒气的感觉时，提醒自己主动走向自己暂停的区域。这样的练习可以由角色扮演游戏来进行，也可以自己单独、自发地练习。

在反复多次的练习后，下一次我们在生气或者即将爆发时，将很有可能让自己及时停下来。

有用的防爆卡

不得不承认，有时候我们很难察觉到自己愤怒的情绪在飙升——它来得太快，对方的一句话可能就会彻底激怒我们。当我们还来不及喊停的时候，可能就已经用言辞伤害了对方，或者顺手抓起东西扔了出去。

这时候提前为对方准备一张防爆卡，就显得非常有必要了。

所谓防爆卡，其实就是一张自制的卡片，用贺卡、书签等来代替都可以——这张卡片的作用是强制的，只要向对方出示这张卡片，就像免死金牌一样，对方不能在此刻爆发怒火，必须处理好自己的情绪，或者走到别的地方去冷静一下。

防爆卡的好处在于，即使我们自己还没有察觉到愤怒的情绪，但对方已经察觉出来，当孩子发现自己感到害怕时，可以及时扔出这张卡片，阻止进一步的伤害和斗争。

需要注意的是，这张卡片一定要是一张实体卡，它承载着我们对对方的承诺，而不是对方对我们的要求，因此从心理上更能让人接受——这是我答应了你的事情，是我自愿的，而不是你强制命令我去做的。

工具2：共情

共情又称为同理心，是一种将自己置于他人的位置、并能够理解或感受他人在其框架内所经历的事物，也就是换位思考的能力。

共情的基础是心理理论的形成

很多父母总喜欢孩子能理解自己，可以换位思考，考虑爸爸妈妈的感受。但遗憾的是，小孩子是很难理解别人的，尤其是4岁以下的孩子。

1978年，心理学家提出了"心理理论"的概念，相关的研究发现，孩子要到4岁左右，才能逐渐了解到自己和别人所感知、所想，以及所做的是不同的。因此，尽管有人提到了需要教会孩子换位思考，却不一定对4岁以下的孩子有效。

心理学家们曾做过一个实验，他们向孩子们讲述了这样一个故事：小强有一个纸筒，小丽有一个塑料盒，塑料盒里有一个小球。小丽盖上塑料盒盖，离开了房间。这时，小强把球从小丽的塑料盒里拿出来，放到自己的纸筒里。小丽回来以后想玩小球，会去哪里找呢？

3～6岁的孩子们回答这个问题的正确概率分别是25%、38.8%、61.4%和78.3%。也就是说，大多数3岁孩子通过故事已经知道了小球改变了位置，而他们认为故事里的小丽也同样知道这一点，将自己的心理与他人的心理混淆了。

这是因为，大多数3岁的孩子心理理论能力还不够成熟，而这种能力恰恰能让个体凭借一定的知识系统对他人的心理状态进行推测，并据此对他人的行为作出因果性的预测和解释。

这也是为什么我们总觉得和还没上幼儿园的熊孩子沟通起来太费劲儿：明明看起来如此简单的道理，他怎么就不明白呢？明明答应了的事，怎么说变就变呢？

所以，如何让孩子理解别人，对于4岁以下的孩子来说是个伪命题。从认知发育的角度来说，4岁或者3岁以下的孩子大多是无法理解他人的，甚至连理解自己都略显困难。

如何引导孩子的共情

想要让孩子理解我们的想法，需要根据孩子的年龄段和个体情况分别予以引导。

对于4岁以下的小孩子，尽管他们不能理解别人，但你却可以试图去理解他们，并从他们的角度出发，提出解决方案，这才是最有效的做法。

我家小萌8个月时，觉得眼镜很新奇、很好玩，应该是一种可以玩的玩具。当时，我们的做法是让他玩一副不要了的平光眼镜，以之作为替代，满足他想玩眼镜的需求，同时又不至于抓掉我的眼镜。

小萌11个月时，他已经明白眼镜不是玩具了，但他还是会突然来抓我的眼镜，一旦观察到我瞬间激烈的反应，就会咯咯咯地笑。这时，他会觉得抓妈妈的眼镜是一个有趣的游戏。

当时，我的做法是在他抓掉眼镜时表现得非常平静，就像没有看见他的行为一样。但是，当他抓起地上的小球时，我和丈夫会表现得非常激动和惊喜。很快，小萌就丧失了抓眼镜的兴趣，而是利用其他玩具和我们互动了。

小萌14个月时，有一次，他又突然地抓了我的眼镜，并且哭哭嚷嚷的，希望我陪他玩耍。此时，抓眼镜对他来说，是引起我注意力的办法。但显然，这并不是我想要的。所以我给了他一个铃铛，只要他摇晃铃铛，我就放下手里的事来回应他。

小萌16个月时，已经不再抓我的眼镜了。他不仅会帮我寻找"眼镜到底放哪儿了"，还会帮我戴上眼镜。

很多时候，在大人看来小孩子不懂礼貌的行为，其实是孩子在表达自己诉求的方式——如果根本的需求得到了满足，又约定好新的表达方式，就能有效地解决这一问题。

对于4岁以上的孩子，需要尝试让他们去理解社会规则、别人的感受等，从而形成使其受益终身的换位思考方式。

当孩子满4岁以后，心智发展会进入高速增长期。这时可以教给孩子什么叫换位思考，帮助他们了解别人的感受。我觉得有几种方式是值得推荐的：

预先学习。绘本或者故事是很好的预演方式。例如《大卫，不可以！》等绘本里面列出了很多小孩子调皮捣蛋的行为，和孩子一起读这类绘本，有助于孩子提前形成约束和规则，从而避免出现上述行为。这类绘本有很多，可以买一整套陆续学习。

场景再现。当制止孩子不礼貌的行为以后，等父母和孩子都冷静下来时，需要重现当时的场景，由父母予以适当的教育。例如，孩子在公众场合大哭大闹后，回家以后可以由爸爸或者妈妈表演孩子的行为，并告诉孩子：这样是没法达到目的的，并且会影响到别人！

接下来，你需要进一步询问孩子"这种做法对吗？"如果孩子说"对"，那就明确告诉孩子"不对"，并解释原因——直到孩子能说出"不对"，再予以表扬和肯定。连续几天进行这样的场景重现教育，对孩子形成礼貌的行为是非常有帮助的。

以身作则。当孩子具有自我意识以后，不仅会听父母怎么说，还会看父母怎么做：如果父母言行不一，就会让孩子感到困惑，进而在教育孩子时事倍功半。例如，有的妈妈希望孩子不要大吵大闹，但是却拼命喊："别哭了！烦死了！别吵了！吵死了！"孩子会想，为什么妈妈可以大吵大闹，却要求我不能如此？

很多父母喜欢言传，不喜欢身教，是因为言传很轻松，还因为他们从心底认为："你是我生的，我说的话你就应该听，即使我做不到，你也得做到。"这实际上是对孩子的不尊重，也是在损害自己的威信。

主动对孩子发起共情。

那么，是不是对4岁以下的孩子来说，共情就失效了呢？并非如此。当孩子难以理解父母的想法时，父母可以去主动感受和理解孩子的想法，并且帮孩子诉说出来。

帮助孩子辨认情绪。

孩子成长过程中一项非常重要的任务就是学习情绪并且了解如何表达它们，学习对情绪的辨认、理解与控制。

对于低幼龄孩子，可以用《我的情绪小怪兽》等绘本帮助孩子认识5种基本的情绪：开心是黄色、伤心是蓝色、害怕是黑色、平静是绿色、生气是红色。对3岁以上的孩子，可以用不同的情绪图谱来帮助其辨认情绪。

千万不要低估孩子透过图谱辨别情绪的能力。

我家二宝小乖2岁半时，有一天和哥哥小萌发生了争执。小乖飞快地跑过来找我告状，哭叫着说哥哥欺负他了。就在我有点生气，想要把哥哥拉过来教训的时候，我突然发现，这是一个很好的教孩子认知自己情绪的机会。

于是，我指着墙壁上贴着的情绪图谱，让小乖指认自己现在的情绪。他一开始指向了伤心，当我追问他是否还有别的感受时，他居然指向了自信和坚定！原来，他一开始被哥哥欺负了固然有点伤心，但当他跑来向我告状，发现我要气势汹汹地收拾哥哥时，立刻变得自信而坚定，相信自己的做法没错，哥哥即将受到惩罚。

随后，我向他表述了这一情绪变化过程，他也一直点头表示肯定。在沟通的过程中，随着我越来越多地说中了他内心真正的想法，他也从一开始的哭叫变得平静，并对我更加信赖。

有时候，仅仅只是一句简单的情绪解读，就能让我们和孩子之间的沟通顺畅起来。很多妈妈都尝试过，当孩子眼角挂着泪走过来时，如果我们直接问他："你怎么了？"往往得不到回复，甚至当场放声大哭。相反，当我们帮他说出感受："你看起来很伤心。"接下来再问："你怎么了？"孩子往往更容易说出心中所想。

孩子在童年早期就会经历很多种不同的情绪：兴奋、失望、骄傲、愤怒、期望等，不断充实孩子的情感词汇，能辨认出确切的情绪，意味着孩子能给特定情境下产生的情绪命名。

一个孩子对情绪识别得越多，他就可以更准确地表达自己的情绪。

通过我们和孩子之间的对话，能让孩子正确认识各种各样的情绪。例如，我们可以这样引导孩子："朋友的玩具被抢走了，他很伤心，他一定很愤怒……""当爸爸妈妈不在你身边时，你觉得不高兴吗？""我们今天玩得很高兴！"等，也可以通过句式"妈妈现在很难过，因为……""爸爸这会儿在生气，因为……"等，让孩子在认识到各种不同情绪的同时，还能寻求情绪产生的原因，从而达成更好的沟通。

处理情绪的最好方式是疏而不堵

当你注意到孩子有情绪时，可以通过先聊聊感受，让孩子变得愿意和我们沟通。

我们可以尝试跟孩子说："我看到你有些不开心，愿意跟我谈谈吗？"或者更具体地说："我注意到你现在皱着眉头，一脸不开心的样子，你的衣服也弄脏了。你是不是感觉有点难过，你愿意和我说说发生了什么吗？"

相反，如果我们忽视甚至否定孩子的情绪，其实是在把他们推得离我们更远。

对于孩子的所有情绪，我们都可以做到疏而不堵——不要求孩子压抑、控制自己的情绪，而是帮助他们学习选择对自己和他人无伤害的方式去疏导和宣泄。为此，我们可以通过多种方式来帮助孩子疏导情绪。对年幼的孩子，可以采取转移注意力，开展运动和游戏的活动来疏导和缓解其消极情绪。

当然，此时，我们也可以利用工具——积极暂停——让孩子的情绪平复之后，再进行沟通。

工具3：选择的力量

有一次，我去朋友家做客，刚进门就听到朋友对他家女儿说：

"宝贝，不要在墙上画画了，好吗？"

"不好，我就是喜欢在墙上画画。"

"别在墙上画了，会让家里变糟糕的！"

"不，我就要画！"女孩坚持着。

"这孩子！明明都跟她说了不要在墙上画画了，她却不肯听，真是一点儿都不听话！"朋友解释道——毕竟，事情的走向有点尴尬，来了外人，孩子仍然不听话，朋友一定觉得怪丢人的。

因为我们在场的缘故，朋友忍住了没爆发；但要换作平时，以他火爆的性格，没准一个巴掌就招呼上去了。

从1岁半开始，随着宝宝自我意识的不断发展，他们变得越来越独立，也有了越来越多自己坚持的想法。如果父母还想以自己的想法去左右他们的行为，就会发现这样做越来越困难了。

例如，2岁左右的宝宝总想自己去做决定，而不是想让父母帮他们做决定，或者告诉他们应该怎么做。

那么，该如何引导孩子的不良行为呢？这就是我们本章要引入的亲子沟通工具之一——选择的力量。

方法一：给孩子提供两个选择

与其让孩子胡乱选择，不如由我们主动给孩子提供选择。

这是由于给了孩子不同的选项，能让孩子在感受到自己对事件的走向拥有一定的控制权以后，从而变得越来越自信。

给孩子选择，并不意味着孩子可以随便作出决定——因为一般是由父母来决定哪些是可选项。

我们常常听到这样的对话：

"这里有一棵青菜，把它吃掉吧。"

"不吃，我讨厌吃青菜。"

"我说过了，快吃掉它。"

接下来，便是一场关于是否要吃掉青菜的"权利之争"。

但如果父母能改变思路，主动给孩子提供一些选择，事情也许就会变成下面这样：

"今天你是想吃西兰花呢，还是想吃菠菜呀？"

"西兰花。"

"好的，那今天就吃西兰花吧。"

是不是听起来很神奇！

当我们主动让孩子选择时，孩子会学习如何恰当地去运用他们的权利，而且也不会那么抗拒或者反抗。

是的，孩子们会学会如何与父母沟通，如何让父母接受自己的想法。

由于3岁以下的孩子认知发育还不够完善，所以提供选择时，父母需要注意以下3点：

1. 每次只提供两个可选项。

3岁以下的孩子会对太多的选项感到无所适从，并会用他们天马行空的想象力做出很多令人啼笑皆非的决定。

如果你问孩子今天晚上想吃什么，他可能会说一堆让你恼怒的答案：

"先吃巧克力、棒棒糖、果冻、口香糖……"距离真正的晚饭相差十万八千里。

相反，如果你问他："今天晚上想吃鱼肉还是羊肉呀？"

就会得到一个令人满意的回答——至少我们知道该如何选择一道菜的主材料，剩下的食材则由父母自行搭配。

2. 所有选项都是大人可以接受的。

如果你不想让孩子吃爆米花，那就不要问他到底想吃爆米花还是想喝牛奶——这样的话，他一旦选择了爆米花，而你又不同意，就会削弱孩子对你的信任。

对于孩子来说，这其实是虚假的选择。

就像我的那位朋友，他明明不希望孩子在墙上乱画，却这样问孩子："不要在墙上画了，好吗？"

当孩子回答"不好"的时候，就会和父母原本的意愿相违背，于是事情又陷入了僵局。

如此，还不如索性一开始就告诉孩子："我们不能在墙上画画。"

接下来，父母可以给孩子提供可选项："你是想在大的白纸上画画，还是小的白纸上画画？"

如果孩子不答应，可以继续提供不同的选项：在卫生纸上画？在绘画本上涂颜色？在纸盒上画？

当孩子意识到自己有选择权的时候，通常不会那么固执。

如果他仍执着地要在墙上画，还有一个神奇的选项："那这样，我们先画一面墙，然后再在这面墙上画画吧！"

当然，也可能是孩子仅希望在竖立的平面上画画。那你可以尝试将厚纸板贴在墙上，让孩子在这个纸板上画画。

3. 不要让孩子在太多事物之间做选择。

对孩子来说，做一项决定其实需要很多思考，需要耗费他们非常多的精力，这并非易事；

对家长来说，如果我们总是在每件事情上都给孩子太多的选择，则会浪费很多时间。

比如，有的小女孩每天早上仅仅挑衣服就要挑上一个小时，那是因为在衣橱里有太多可供选择的衣服。

所以，不妨先将衣物进行分类，每次选择3～5件搭配，让孩子从中选择，就会大大地节省时间。当然，一定要提前和孩子商量好规则，并一以贯之地执行。

聪明的你一定会有疑惑——如果我们提供的两个选择，孩子都不接受呢？这时候，就需要升级我们的应对方法。

方法二：划定范围，让孩子在规则内选择

随着孩子的成长，尤其在2～3岁之间时，孩子会进入人生第1个叛逆期。他们会表现得越来越叛逆，有时候，你给他两个选择，他会坚决地说"不"。

这时候，给予孩子选择的方法是否失效了呢？

其实不然。

此时，家长可以给孩子们划定选择的范围，让他们在此范围内自由做选择。例如：

"今天你想吃西兰花，还是菠菜？"

"都不想吃，我哪个都不想吃。"

"你想吃什么绿色的蔬菜呢？"

"我想吃绿色的苹果。"

"苹果可不是蔬菜，再想想，还想吃哪些绿色的蔬菜呀？比如绿色的菠菜，还是黄绿色的西葫芦？"

"那就吃西葫芦吧！"

当家长给孩子划定了绿色和蔬菜这两大范围，让孩子从中进行选择时，也是给了孩子自由选择的权利。

孩子意识到父母做出了一定的妥协，也会模仿父母做出相应的让步。

这正是谈判的艺术——双方互相妥协的艺术。

如果孩子非常固执，什么都不选，应该怎么办呢？这时候，就需要再次升级我们的方法。

方法三：给孩子提供选择和相应的结果

每当我们做出选择时，就会有相应的结果发生。

作为成人，父母很清楚哪些选择会带来不好的结果，也会尽量避免这些选择；与之相反，孩子则只会看到眼前的选择，而不会意识到这些选择所带来的结果。

当我们帮助孩子将选择和相应的结果联系在一起，就教给了他们事物的因果关系，这能帮孩子把目光放得更长远，从而影响现在的选择。

比如，孩子故意打了妈妈。

妈妈可以对他说：

"现在，要么你继续在这里待着，但你不能打我；要么你就到卧室里去打枕头玩儿。"

如果孩子停下来不打人了，说明他可以接受父母主动提供的选择；但他如果还继续打你，说明你提供给他的选择失效了。这个时候，就要让他看看他自己的选择（在已有选项之外的）所导致的结果了。

这时候，我们可以告诉孩子："我看到你还在继续打我，所以现在你就得自己去卧室待着。你什么时候不打我了，才可以从卧室里出来。"

你可以牵着孩子的手，把孩子领到卧室里，给他一个枕头，并重复上面的规则；而不是只通过口头训斥或者暴力推搡让他进入卧室。

这样做的好处是能让孩子感受到规则就是规则，而不仅仅是感受到父母的怒火。从而让他们认识到——不可以随意更改规则。

如果孩子从卧室里出来了，又继续打人，我们该怎么办呢？规则是不变的，他依然将得到同样的结果，每次他一打，你就把孩子带到卧室去。

如果孩子在外面打人了，我们依然可以按照这个规则去执行，也就是立即将其带离刚刚他所打的人面前。

孩子会逐渐明白，每次，当他打人的时候，都会有一个结果——他会从这个环境中被驱逐。而如果他还想继续待在这里玩儿，他就要遵守规则，并学习如何和其他人友好相处。

所以，选择和结果的运行逻辑，实际上是：父母给孩子一个好的选择（做或者不做），如果孩子做了，问题得到了解决；不做，就需要承受自己的选择所带来的相应的后果。

这样，就不存在其他选项了。

在运用选择和结果的时候，也有一些注意事项。

1. 选择和结果之间一定要有逻辑关系。

家长提供给孩子的结果，必须和孩子的不良行为联系起来。也就是说，结果必须是合逻辑的。这样才能让孩子意识到——自己选择的不仅是行为，也包括了行为所带来的后果。

而这正是一个好的机会，可以教给孩子什么是责任感。

通过这样的选择和结果，孩子能够意识到，原来我需要对我自己的行为和选择负责，而不是由父母对我的行为和选择负责。

比如，孩子将玩具扔得到处都是。

有的家长会警告孩子："不许再乱扔玩具了，否则我会揍你一顿。"

在乱扔玩具和被揍一顿之间，其实是没有任何直接逻辑关联的。

家长揍孩子，只会伤害到孩子，这并不会教会孩子如何正确地去玩这些玩具。而且，当下次家长不在场的时候，孩子可能会继续把玩具扔得满地都是。

对于孩子来说，家长的这句话，无疑是建立了这样一种奇怪的联系：

如果家长在场，他就不能乱扔玩具，否则就会被揍一顿；

如果家长不在场，他就能乱扔玩具，毕竟家长不在场呀，又怎么可能揍自己一顿呢？

如果我们用孩子行为本身所导致的结果来跟孩子沟通，就会大为不同。

比如，我们可以告诉孩子："现在，你要么别扔玩具，要么我就会把这些玩具都收起来，不能再玩了。"

又比如，当我们带孩子去逛超市时，孩子总是跑来跑去，你怎么也叫不住他。

有的家长会说："你要是再乱跑，今晚就不让你看电视了！"

"乱跑"和"不看电视"之间，也没有直接的逻辑关系。而且，孩子乱跑的行为发生在现在，而不能看电视的结果是发生在一段时间之后的晚上。由于这样的惩罚是延后才发生的，所以对于孩子的约束力也不会那么强。

孩子正跑得开心呢，顾及不到那么久以后的事儿。很有可能，他会说："好的，那我今晚不看电视了！"然后继续乱跑。

这位家长提供的选择，也就失去了最初试图纠正孩子不良行为的意义。

相反，我们可以对孩子说："要么你待在我旁边，要么我把你抱到购物车上。你自己来决定吧。"

如果孩子仍然乱跑，那家长为了确保他的安全，就需要把他抱到购物车上——这会让孩子意识到：不管在购物车上，还是在地面上，自己都不能乱跑；而乱跑导致的结果就是要回到购物车上去，从而被限制行动范围——也就是不能再乱跑了。

不管孩子怎么选，都是家长可以接受的，而且这两个选择的结果，都能让孩子乖乖地待在父母旁边，达到我们一开始想要管教孩子的目的。

又比如，孩子都特别喜欢看动画，每次一看动画就停不下来，往往会忘记时间的流逝。

有的父母会给孩子留出足够的过渡时间，比如说再看5分钟，再看1分钟，或者看完这集之后就去睡觉。但往往到了最后一刻，孩子仍然会哭闹着要求再看一集，然后再看一集。

孩子的不断拖延和要求，是对家长耐心的挑战。

这时，有的家长容易开始吼叫："现在，要么你把iPad（苹果平板电脑）关掉，要么就去罚站5分钟/我就揍你了。"

但是，要求继续看动画和罚站/被揍之间，显然也是没有逻辑关系的。

这时，最好采用积极暂停的方式，让双方都先冷静下来。

如果孩子的情绪还算平静，即使已经表现出不良行为，父母完全可以通过选择和结果来予以纠正，而不是现在就引入惩罚。

我们可以对孩子说："现在要么你自己把iPad关掉，要么我把iPad收起来，这样你就不能再看iPad了。"

由于孩子的关注点是想看iPad，我们给他提供的选择只有在和他在意的点密切相关时，他才能真正听进去。

2. 沟通的语调要坚定且平静。

当我们大声吼叫或者生气的时候，孩子只会留意到，爸爸妈妈已经生气了，这时候，小一点儿的孩子会觉得父母生气的反应很有意思，处于叛逆期的他们常常会继续去做同样的事情，去看看你是否会再次生气。

如果你依然用平静而且坚定的语调和他沟通，他就会真正听进去你所说的话。

3. 选择和结果都是父母可以接受的。

不论你是在给孩子提供两个不同的选项，还是在给孩子提供选择和结果，这些选项都必须是父母自己可以接受的。

例如，当妈妈在厨房忙得不可开交时，突然看见小朋友在墙上乱涂乱画。

妈妈很生气，但又想起了选择和结果教育方法，于是就对小朋友说："现在，你要么别在墙上画画，要么我就把你抱到卧室去，这样你就够不到墙了。"

小朋友可能会觉得被妈妈抱到卧室去也挺有意思的，于是就继续在墙上乱画。

这时妈妈变得非常生气，而且厨房里的事情太多，一时半会儿走不开。于是，妈妈突然改变了主意："不听话是吧？我现在没空抱你去卧室了！"

然后，愤怒的妈妈直接揍了小朋友一顿。

孩子会觉得委屈又奇怪，明明一开始妈妈提供的是"要么停下来，要么被抱去卧室"的选择和结果，为什么最后反而是自己被揍了一顿呢？

所以，家长在给孩子提供选择和结果的时候，一定要在一开始就想清楚——到底怎样的选择和结果才是我们能接受的，并且是能立刻做到的。

在上面这个例子中，妈妈其实可以立刻将厨房的燃气关掉，将手洗干净走出厨房，然后把孩子手中的笔拿走，再将孩子抱到卧室去。

对于父母来说，宁愿晚一点儿吃饭，也要说话算话，否则就是在削弱自己的权威性，即俗称的"自己打脸"。

4. 只给孩子一次选择的机会，然后就立即行动。

当你告诉了孩子，如果他不把iPad关掉，你就会把iPad收走，但他依然要继续看下一集时，孩子选择了继续看iPad。

那么，家长需要立刻行动，根据自己之前提供的选择和结果——将iPad收起来，然后将孩子抱走。

你的执行力，能让孩子意识到——不良行为是不容商量的。

但你仍然要注意，将孩子抱走的时候，不要用力地拉、拽、打、推，而是温柔又坚定地将孩子带离现场。

利用选择与结果，孩子会明白——自己可以选择好的行为或者不好的行为。如果选择了不好的行为，就需要为自己的选择负责——通过建立这样一种因果关系，孩子就会逐渐学会在与规则碰壁时该如何调整自己的行为。

同时，因为选择和结果是相互联系的，父母全程都是温柔、坚定的，孩子也不会因此就对父母产生怨气，而是更好地理解自己的行为将会带来怎样的结果。

当孩子出现不良行为时，父母可以不打不骂，而是用以下三种方法来尝试解决问题：

方法一：给孩子提供两个选择。

注意：两个选择都必须是家长可以接受的。

方法二：给孩子划定范围，让孩子在规则内自由选择。

注意：能用方法一，尽量不用方法二。

方法三：让孩子意识到选择和相应的结果。

在结果的约束下，孩子会开始改变自己的行为，也会意识到——自己需要对自己的行为和选择负责。

工具 4：奖励和表扬

如果不用惩罚，很多人会采取奖励和表扬的方式来鼓励孩子。

事实上，奖励和表扬是典型的正强化(Positive Reinforcement)，这是一种源于斯金纳（著名心理学家）的强化理论的典型行为，即通过操作条件反射来对人或动物进行外在控制。

奖励和表扬孩子一定能让孩子变得越来越好吗？

让我们先来看两则真实的故事。

朋友上周找我倾诉他最近的烦恼。他的女儿——两岁的小子怡——过年时得到了一个新的钓鱼玩具。她打开盒子用磁铁鱼钩钓小铁鱼，玩得非常开心，爸爸妈妈也惊讶于子怡能掌握这么精细的动作，于是大大地表扬了她一番。

一开始，子怡在自己钓鱼的过程中获得了巨大的乐趣，专心致志地玩了近一个小时。

但是，当爸爸妈妈盛赞她钓得好以后……

只有当爸爸妈妈在场时，子怡才会开始玩钓鱼玩具，因为只有这时她才能获得表扬，而没有人在旁的时候，她就失去了自己探索和玩耍的兴趣。

这种事在生活中并不少见。

有一天，妈妈下班后感到特别累，看了看正在玩玩具的小豪，妈妈灵机一动，提出如果小豪自己洗好了碗，就给他一块钱，于是小豪主动去洗碗了。

第二天，小豪主动提出要帮忙洗碗，代价是能得到一块钱作为回报，妈妈心想一块钱也不算多，于是答应了。接下来，事情逐渐失控了——小豪每做一件事情都要求妈妈给自己钱。甚至是完成老师布置的作业，也要找妈妈要钱，不然就不肯写作业。

小豪的妈妈为此很苦恼，她觉得现在小豪就是一个拜金的孩子，如果不能从妈妈的兜里掏点儿钱出来，甚至都难以沟通。

我们的生活中充满了很多激励和奖励的行为，所以，我们默认——只要做到奖惩分明，就能促使孩子更好地做事和做人。

然而，这样的做法往往事与愿违！

从20世纪70年代开始，美国心理学家德西等人开始研究人类的行为动机，并于80年代提出了影响学界近30年的重要理论——自我决定理论。

自我决定理论认为，只有当人的三种基本心理需要得到满足时，才会将外在动机转化成内在动机。相反，如果三种基本的心理需要没有得到满足，那么外在动机就无法完全转化为内在动机，就会出现吃了东西但是无法消化的情况。

而外在的奖惩，往往会削弱内在的动机。

子怡原本对于钓鱼游戏有很高的兴趣，但爸爸妈妈的夸奖让她觉得更开心，钓鱼本身倒变得没那么有意思了。此时，外在的夸奖削弱了她原本从钓到鱼这件事本身所获得的成就感。

接下来，子怡钓鱼的动机就成了获得爸爸妈妈的夸奖这一外在动机。而要获得夸奖，就必须得爸爸妈妈在场。因此，当爸爸妈妈不在场的时候，子怡也就对钓鱼玩具不感兴趣了。

这也是为什么有的孩子只在家长陪伴时才会去读书、玩玩具、写作业；自己一个人的时候，则要求看手机、看电视——因为他们原本可以自己学习和玩耍的内在动机被成人不恰当的奖惩给削弱了。

在第二个故事中，小豪的妈妈以结果为导向，要求小豪通过完成洗碗这件事来获得金钱奖励。

小豪想要获得报酬，必须得先做完洗碗这件事情——他得洗好碗，并且不能半途而废——这是典型的控制型奖励。在这种奖励形态的影响下，小豪只会将洗碗的行为当作等价交换，如果没有报酬，他就不会去洗碗了。

洗碗如此，其他的家务也是如此，一旦孩子开始给自己的行为进行明码标价，说明他做事的目的是为了获得外在奖励，内在的动机就会被削弱。

现实生活中，经常会有家长告诉孩子，如果你期末考得好，就会给你奖励，这也是典型的控制型奖励。

这会带给孩子什么呢——和父母议价的资格。

当孩子意识到，自己可以拿好好学习这件事情作为筹码，对父母提出各种要求。当父母拒绝或者满足不了自己要求的时候，孩子也就不再努力学习了。而如果家长一直给予孩子各种物质奖励，孩子是否就会一直努力学习呢?

如果外在奖励足够强和持续，确实能够让孩子致力努力提高成绩。但随着孩子的兴趣越来越广、需求越来越多，家长要投入的金钱和资源会变得越来越不可控。原本只是想以奖励来鼓励孩子好好学习，最后却成了孩子用好好学习来控制家长，以满足自己的欲望。

但是，当家长无法满足孩子提出的需求时，一切就会失控。

同时，由于孩子看重的仅仅是成绩，可能会采取一些非正当的手段来提高成绩。毕竟，非正当的手段比默默努力轻松多了。一旦遇到监察严格的大考时，孩子的考试成绩就可能会突然一落千丈。

那么，该如何将外在动机转化为内在动机？

德西等心理学研究者对此进行了深入的研究：外部的赏罚能让孩子在开始做某件事(外部调节)时——顺利的话——将其转化为内部的赏罚和控制，也就是知道应该去做／不做(投射调节)什么。

当孩子意识到这件事的重要性和价值时(认同调节)，就会将这件事整合入自己的价值观和规则中(整合调节)，最终成为自发的兴趣／乐趣，并从中获得内心的满足感(内在动机)。

比如，别人总问为什么我家小萌很爱学数学，其实，我们为此做了很多工作：

小萌最初并不喜欢数学，我们以他最爱吃的巧克力或者糖果作为外在奖励，鼓励他学习数学。当他因为粗心而做错题，或者怎么都学不会一个新的知识点时，我们不会去严厉地指责或者呵斥他，相反，我们会就事论事地提醒他运算的过程，并引导他正确的解题方法。在他掌握了方法并做正确一道题以后，甚至会主动要求还要做下一道题。

在学习加减运算的时候，我们常常会以下面的游戏方式来告诉小萌学数学的重要性：

我的两个孩子小萌和小乖都很爱吃糖，于是，我们经常玩的游戏就是先说出糖的总数，然后让小乖拿走几颗糖，让小萌猜还剩下几颗糖。我们还引入了小萌最喜欢的战斗游戏，规则是人多的即可获胜。例如，我会随机地说出我要派出的士兵的数量，然后让小萌选择他要派出的士兵数量。

通过游戏，小萌慢慢地意识到，只有知道数的大小和多少，清楚加减法，才会吃到更多的糖，也才会通过"调兵遣将"打败敌人。由于意识到了学数学的重要性，小萌每天都要求我陪他学数学，然后自己做数学题。

德西等研究者们认为，使外在动机转化为内在动机的关键因素，还需要看孩子做事时是否满足了三种基本的心理需要：

胜任力需要，也就是我们认为自己是否有能力胜任和完成一件事情。

自主需要，也就是我们感到自己能够自由选择和控制一些事情。

关联需要，也就是我们感到所属的群体的爱、尊重和接纳。

简单来说，当我们可以遵循自己的意愿进行自由选择，且有能力去完成一件事情，同时还会为我们所属的群体尊重和接纳时，就会将外在动机转化为内在动机。

以孩子的学习为例：

有的家长在辅导孩子作业的时候总是大发雷霆，主要是因为家长以己度人，觉得在自己看来这么简单的问题，孩子为什么就是教不会？

一般来说，家长也就在小学阶段辅导作业时会吼一吼孩子，到了高中甚至是初中阶段，家长会意识到作业的难度自己已经无法辅导，也就不会对孩子吼叫了。

家长吼叫的时候，展现出的是一副失控、愤怒和拒绝沟通的神情，这是典型的外在动机，在一定程度上是强制性促使孩子去学习，但是孩子的内心并不愿意，因此只有在家长吼叫的时候他们才会集中注意力。

这也是为什么家长一旦开始吼孩子，就会形成恶性循环，因为孩子的学习动机来自父母的吼叫，所以父母只要不吼，孩子就一定不学；一旦吼了，孩子才会集中注意力。

家长的吼叫和谩骂，会让孩子觉得自己无能，做不出来这样的题目（缺乏了胜任感）。并且，家长强制性地要求孩子学习的内容，往往并不是孩子真正喜欢的（缺乏了自主感）。而且，家长对自己的批评和不接纳，也会让孩子觉得不被家长所理解（缺乏了关联感）。显然，在这种场景下，孩子学习的内在动机被大大削弱了。

然而，好的教育，需要耐心，也需要智慧。

当孩子开始学习的时候，让他们有一定的自主选择权，例如先做数学还是先做语文，先做数学的哪一个单元，甚至是用什么颜色的笔，都能让他体会到自主选择权。

在具体学习的过程中，一定要遵循循序渐进的原则。

比如，我们在讲解了例题以后，可以先让孩子做最简单的，和例题高度相仿的习题，这样孩子会通过挑战难度较高的题目来获得成就感。当遇到综合型的大题时，我们可以引导孩子的思路将大问题拆解为小的问题，或者转化为孩子已知的问题再去进行解答。这样会让孩子体会到胜任感。

课后练习的作用，也绝不仅仅是为了巩固所学的知识，而是为了让孩子在听懂以后利用所学的知识点去解决问题，并从中获得胜任感和成就感。

当孩子无法做出一道题时，家长可以通过孩子反馈，带着孩子重新整理思路或者鼓励他用别的方法去解决问题，这样做可以让孩子感到被家长接纳，由此体会到关联感。

同时，我们在对孩子解题过程中所使用的思路进行点拨和肯定时，会让孩子获得更高的胜任感和关联感。

孩子就是这样一步步地爱上学习的。

我们还能赏罚孩子吗？

我们在上文中提到过，外在的赏罚可能会起到适得其反的效果，即削弱孩子的内在动机。那么，父母还能奖惩孩子吗？

当然能！只是需要更谨慎。

德西和其同事瑞恩认为，奖励可以分为控制性奖励和非控制性奖励，后者也被称为信息性奖励。

控制性奖励，意味着用某些奖励来对孩子的行为进行操控。比如，文章开头的故事中，小豪只要做完了家务，便能获得妈妈的奖励，这就是典型的控制性奖励。妈妈一开始也正是利用这种控制性的奖励，改变了小豪的动机和行为。

信息性奖励，能够满足孩子胜任力的需要——这是对自我能力的一种直接肯定，并不会削弱孩子的内在动机。比如，孩子在赛事中获胜所获得的象征性奖励，包括荣誉性的奖牌和奖金等，都是对孩子在比赛中所展现出的能力和水平的肯定，这就属于信息性奖励。

根据奖励的具体类型，又可以分为言语奖励和具体奖励两大类：言语奖励通常指积极的反馈，包括语言上的表扬、激励等；具体奖励则包括了实物奖励，比如金钱、奖品，以及荣誉称号等。

考虑到具体奖励对孩子内在动机的不同影响，可以将其进一步细分为有所预期的具体奖励和非预期的具体奖励：有所预期的具体奖励，是行动之前就知道得到的奖励；非预期的具体奖励，则是在活动结束以后再给予个体的奖励。

活动之前，如果孩子并没有期望能够得到这份奖励，那么，孩子做出行为并不是为了这个奖励，奖励只是意外之喜，因此并不具有控制性，也就不会削弱孩子行为的内部动机，如预期之外的庆祝活动。比如，孩子意外获得了双百分，家长和孩子都非常开心，于是决定临时带孩子去看一场电影。

由于具体奖励实施起来比较麻烦，所以我们更倾向于让父母用言语奖励去鼓励、激励孩子。

家长如何通过言语表扬，强化孩子的内在动机

从隐含信息的归因理论视角，我们可以将表扬大致分为两种：

第一种是对能力的表扬，也就是个人取向的表扬，指的是对孩子所做的整体性评判，反映出孩子的能力水平或者人格特质。比如，常见的夸奖语——"你真聪明""你真

可爱"，等等。

第二种是对努力的表扬，这是指对于孩子行为过程中的努力，进行积极地肯定和评价，强调的是做事过程。比如，你真的很努力，你做了很多的工作。

能力取向的表扬，比如夸奖孩子"你真是太聪明了"，可能会让他们对未来的成绩产生更高的期望，让他们在接触新任务的早期表现得更加自信，有更高的自我效能感，具备更好的学习技能。

但是，经常获得能力取向表扬的孩子，常常会在遇到挫折时显得无助，也更容易选择放弃。这是因为他们经常接受并肯定自己的能力，因此在遇到挫折时，往往会认为是自己能力的低下，例如，自己不够聪明，无法完成此项任务，从而选择放弃。

相反，经常获得努力取向表扬的孩子，在遇到挫折时会表现出更高的自我评价，坚持和内在推动性，也会有更高的心理弹性，用以应对挫折和失败。

简言之，短期来说，对能力取向进行表扬有助于帮助孩子建立自信；长期来看，对其努力取向进行适度褒扬，有助于孩子形成更好的心理弹性。

实际上，涉及人性的问题，都是极其复杂的。

如果孩子对数学的兴趣一般，父母以"做好题目就可以给糖吃"作为外在奖励，是否会削减孩子的内在动机呢？

——会。但如果孩子能成功地做完题目，而且是比自己的能力稍高的挑战类题目，并且会从中获得胜任感。那么，在这种情况下，孩子学习数学的内在动机到底是被削弱得多，还是增强得多呢？

如果这次是给100颗糖，下次不给糖了，也许他们就会罢工；如果这次只给一个象征性奖励的糖，孩子从解题成功中获得的胜任感也许就会超过外在奖励的影响，从而增加对数学学习的内在动机。

从20世纪70年代至今，已经有大量国外（和少量国内）研究聚焦于德西和瑞恩提出的SDT理论，虽然引发了诸多争议，但研究结果普遍认为，控制性的奖励确实容易削弱孩子的内在动机。所以，父母在教育孩子时最好还是更谨慎一点儿！

那么，在内在动机和外在动机方面，家长该如何寻找平衡点呢？

孩子的内在动机越强，提供的外在奖惩需要越少。

古人云："响鼓不用重锤，"就是这样的道理。如果一个孩子原本就在某些方面有很强的天赋和学习的动力，如果对他的一些偶然失误进行严厉批评，反而会让他产生逆反心理，削弱其内在动机，甚至会出现破罐子破摔的现象。当孩子本身就对某件事有强烈的内在动机时，家长只需要提供支持就好，而不要用额外的奖励去削弱其内在动机。

孩子的内在动机越弱，提供的外在奖励可以大一些，但这些奖励是一次性的，而非预期的具体奖励。例如，孩子厌学，家长不妨提供适当的奖励，促使他有开始学习的外在动机。但更重要的是在学习的过程中，家长要循序渐进地帮助他们建立自信，将外在动机转化为内在动机。

需要注意的是，我们不能只给孩子奖励，而将其他因素置之不顾。

如果家长仅仅给厌学或者成绩不佳的孩子提供奖励，而不帮他们建立学习的内在动机，那么在孩子身上就会出现"消化不良"的情况——孩子会为了外在奖励而逼迫自己学习，但其内心却是抗拒和不快乐的。

与此同时，随着孩子内在动机的增强，具体奖励还需要逐渐转化为言语奖励和非预期奖励。

一开始，可以从语言上肯定孩子的能力，例如："他很聪明，只要肯努力，学习某一门课程不会有任何问题……"并且可以激励他接受高于自己能力的挑战，并从中获得更多的自信和满足感。

作为家长的我们要对孩子的努力予以肯定，让他知道如果失败了，可以重新再来并继续努力。如果孩子取得了阶段性的学习成果，或者取得了更好的成绩，还可以给他一些意外的惊喜，作为对他的付出和努力的肯定和嘉奖。

此时，关键是创造适宜的环境满足孩子的胜任力、自主性和关联感这三大基本心理需要，从而使外在动机得以顺利地内化。

进步和取得成绩本身就会增强孩子的胜任感，而父母对此所做出的意外庆祝和快乐的家庭气氛也会让孩子体会到关联感——即对家庭的归属和父母对自己的爱、尊重和接纳。

这时候，父母还需要给孩子自由选择的机会，例如，自主设定学习目标等，让他们体会到学习中的自主感和责任感。

只有这三种基本的心理需要得到满足了，外在动机才能被更好地整合到内在动机中，让孩子真正自发、主动地学习。

工具5：积极关注

在开始本章的内容之前，我想先为大家介绍一位对欧美早期教育产生了重要影响的儿童教育学家——弗里德里希·福禄贝尔（Friedrich Frobel，1782—1852）。

福禄贝尔早年曾在法兰克福学习建筑，后来进入哥廷根大学学习语言科学。在此期间，他表现出了对地质学和矿物学的极高兴趣，因为在他看来，矿物从简单到复杂的结晶的过程反映了普遍的宇宙规律，见证着人类的进化和发展。

1837年，福禄贝尔为3～4岁的孩子们建立了一所新型的幼儿园——这也是世界上第一所现代化幼儿园。

在《儿童心理的研究》一书中，福禄贝尔曾有过一段极为精辟的论述：

当我们发现路边长了杂草时，应该怎么办？这些杂草可是"野火烧不尽，春风吹又生"的，无论你费多大的力气去除草，它们总是能再度席卷而来，侵占良田。

福禄贝尔认为，唯一的办法就是在这些地方种上好的种子——"当好的种子能在路边扎根时，杂草的种子自然就无处落脚了"。

在本章中，我将为大家介绍的教育工具——积极关注——就是这样的好种子。

关注的力量

很多父母认为，对孩子要做到奖惩分明：做得好就奖励，做不好就惩罚。

惩罚，真的可以让孩子的不良行为变得好起来吗？有可能，但很难，而且会随着孩子年龄的增长越来越难。

研究发现，当我们对某项行为予以关注，只会强化这样的行为——无论好坏。没错，只要予以了关注，孩子都会强化这样的行为——不论是积极的关注还是消极的关注。

比如，当父母不断地对孩子的撒谎行为进行处罚和责骂时，其实是在不停地强化孩子的撒谎意识，这极可能会导致孩子下意识地表现出更多的撒谎行为。

又比如，我大学军训时需要练习走正步。当时，我特别紧张，一直在脑海里默念："不要同手同脚，不要同手同脚……"但我越是想着"不要同手同脚"，"同手同脚"这个词在我的脑海中出现的次数就越来越多。教官一下令"正步走"，我真就走成了同手同脚！

现实生活中，你是不是也遇到过这样的情况——明明心里反复提醒自己不要做什么，但是一紧张，就偏偏做了什么。

这就是关注的力量。父母在对孩子进行管教的时候，需要运用积极关注的力量，将注意力集中在孩子良好的行为上并予以鼓励，就能做到改变孩子的行为。

请记住这个重要的公式：

关注+积极的行为=更多的积极行为

在美国有一所巴德监狱大学，其学生全部是来自美国纽约州的6所监狱的囚犯。这所学校并不教给犯人们具体的技能，而是教授历史、哲学、政治、艺术等看似没有用的学问。

但这些看似没有用的学问，却改变了他们看待世界的方式。

从这里毕业的犯人们出狱后有的进入耶鲁大学继续深造，有的投身公益组织，还有人创业当起了老板……根据统计数据显示，纽约州囚犯出狱后的再次犯罪率为40%，而巴德监狱大学犯人的再犯率仅有2%。

在美国，越来越多的监狱也都开始了对囚犯的教育。例如，关押重犯的圣昆丁监狱，开设了美国监狱界的第一门计算机编程课，从这里走出去的囚犯，再犯罪率从67%下降为零！让整个硅谷为之瞩目的编程天才肯雅塔·利尔（Kenyatta Leal），正是这所监狱编程课的毕业学员。

这就是积极关注所带来的巨大力量。

当这些监狱学校开始关注囚犯在学业上的积极行为时，激发犯人有了更多的积极行为——进而让他们拥有了与其他犯人完全不同的人生。

关注孩子的积极行为

当我们希望孩子养成某种良好行为时，可以对他做得好的具体行为予以大量鼓励和关注。在实际操作中，将自己想说的话换个说法——从正面去引导孩子的行为。例如：

你要是不吃西兰花，就长不高了→你要是吃下西兰花，就能长得更高！

你要是再把水弄洒，我就不让你玩了→你要是能把水控制在杯子里，就可以再玩一会儿！

你的3写得还是不太对，这个圈这里总是不圆→你的3越写越好了，尤其这个圈，写得越来越圆了！

不要再敲我的键盘了，妈妈在工作 →你可以在妈妈旁边看一会儿书，我工作完就陪你。

……

当我们希望孩子不要做什么时，将这样的话翻译成希望孩子去做什么——类似的愿景性指令会让孩子更容易接受，也更容易改变孩子的不良行为。

批评，会让年幼的孩子一方面觉得应该听爸爸妈妈的，另一方面又觉得爸爸妈妈不理解我——如果无法让孩子觉得你和他站在同一方，为他所想，他可能为了你去做某件事，但内心却是不愿意的。一旦脱离了你的监管，就可能再次犯错。

如果希望孩子改正某个行为，可以尝试关注他在做这件事时的积极行为，这会让他的积极行为越来越多，直到完全放弃不良行为。

当我发现小萌啃手指啃到脱皮时，他刚上幼儿园中班。由于幼儿园有硬性的午睡时间，小萌睡不着时，就会躺在床上给自己找事儿做——比如啃手、啃指甲。

一开始，他只是轻轻地啃咬指甲附近的倒刺，我们提醒他不要再啃了，也试着寻找让他焦虑的原因。当时适逢假期，我们带小萌回老家，爷爷奶奶对此又心疼又生气，还让小萌罚过站，打过他的手，惩罚过他不让吃糖，甚至对他大吼过……

回北京以后，小萌啃手的行为依旧没有改观，甚至变得越来越严重。每天放学回家，我们都会发现他手指上有啃咬的新痕迹，有时鲜红色还未褪去，有时会有很严重的起皮和脱皮。到了后来，简直可以用触目惊心来形容他的手指。

我发现，由于对手指的例行检查所带来的压力和家长生气吼叫时所造成的深刻印象，小萌啃手（而非不啃手）的行为得到了不断提醒和强化。因此，一到午睡时，他一看到手，就开始条件反射般地啃咬。总是批评、总是不改——这让小萌啃手的情况变本加厉。

有一天，我发现他左右两只手的伤痕不太一样，于是无意间提了一句："小萌，你看左手好像还挺好的，就是右手快被你啃坏了。"

谁知，神奇的事发生了。

三天以后，我陪小萌读书的时候突然发现，他的左手真的没有任何新啃咬痕迹、旧的伤也开始痊愈——反而是右手的情况越来越严重。我拿起他的左手仔细查看一番，然后欣喜地问他："小萌，你现在不啃左手啦？"小萌被我的情绪所感染了，回答道："是的，因为你说我的左手挺好的，所以我就不再啃它了。"

原来如此！

小萌的回答让我感触颇多，原来对一次试图改变不良行为的做法进行肯定，居然带给了他忍住不啃手的改变！接下来，我们依然会每天都检查小萌的手指情况，但我们却彻底转变了态度，从批评他的啃手指行为，变为开始表扬他的手指破皮少了，皮肤也开始愈合了。

越是得到表扬，小萌啃咬手指的情况越是得到改善。一个月后，小萌的手上便几乎没有新啃咬的痕迹了。情况不那么严峻了，我们也取消了每天的例行检查。

又过了一个月，小萌突然说："妈妈，你检查一下我的手好吗？"我把他的手拉过来一看，发现他的手完全恢复了！困扰了我们小半年的难题就这样不知不觉地被解决了！

由此我便意识到——鼓励孩子的良好行为而不是批评孩子的不良行为——前者所带来的神奇力量远远大于后者。

然而，在现实生活中，我们会很容易跟孩子说"不要……"并着重关注事情消极的一面。

有一次，姥爷带5岁的小萌坐扶梯，他教导孩子要扶稳扶手，然后顺口补充了一句："只能扶，不能拽。"话音未落，小萌便伸出手拽了一下扶手，可把一旁的我看呆了——

小萌从出生至今，坐过的扶梯不计其数，从来没有试图去拽过扶手——然而，当姥爷表达了自己对"拽扶手"这一负面行为的关注时，居然促成了孩子相应的不良行为。

我想，如果姥爷当时只是告诉孩子要"扶稳扶手"，给予明确、清晰、正面的指令，小萌应该是不会去拽扶手的。

积极关注对行为的引导

那么，我们应该如何运用积极关注来引导孩子的行为呢？

第一，发现孩子做得好的地方。

学会教孩子去看那些他们做得好的行为，而不是去批评他们做得不好的地方。正如之前小萌的例子，当我们越是批评他啃手指，他就越是会去啃咬；而当我们将这种批评转换为鼓励的时候，他却在不知不觉中做得更好了。

这种对孩子做得好的鼓励，应当充满着我们的生活，但是，你需要夸得更具体。例如，可以告诉孩子为什么父母喜欢他这么做。父母以他为荣，他也应当为自己感到骄傲。

比如，爸爸希望两岁半的小乖能自己乖乖地躺在床上，学会自己独立入睡。而在这段时间，每当爸爸把小乖放下，他都会再次爬起来。只有一天晚上他没有爬起来，而是直接睡着了。第二天早晨，爸爸立刻对他说："小乖，你真是太棒了！昨天晚上你躺在床上时没有叫爸爸来陪你睡觉，而是自己一个人独立入睡了，所以，今天晚上我们可以在睡前多读一会儿书。"

此后，小乖独立入睡的时间越来越多，最终养成了独立入睡的习惯。

第二，让孩子感受到你的信任。

对孩子来说，父母通常是最重要的人。在建立了亲密关系的家庭中，孩子总是会相信父母对他所说的每一句话。所以，来自父母的鼓励会让他们做得更好。哪怕是"你真的太聪明了"这类肯定他能力的赞美之词，在孩子刚开始进行一件事情的时候是需要说的，因为这会激发他们尝试去挑战的信心。

有的孩子在面对错误的时候会选择逃避，批评他的时候也一言不发。比如，4岁的小萌在姥姥家奔跑时不慎把一个瓷杯碰碎了。这时候，我试着对他说："宝贝，你看，这就是为什么我们不能在家里乱跑的原因。刚刚你在姥姥家里乱跑，把杯子打碎了，这样做是不对的。当我们做错了事，应该怎么办呢？我们需要去解决问题，纠正自己的错误！"

"所以，现在，你去拿扫把把这个盘子的碎片都扫到簸箕里吧。清理干净以后，你就可以向姥姥道歉了。"

第三，不必总是以夸奖来鼓励孩子。

心理学研究发现，孩子本身就对某件事情有强烈的兴趣时，给予他其他的外部刺激，比如奖励，反而会削弱他做此事的动机。所以，如果孩子本来就很喜欢学习，那么我们就不要再对他的这种行为进行过分的夸奖了——当孩子沉浸在我们的夸奖之词中，就可能变成了为得到夸奖而去学习，从而丧失了从学习本身所获得的满足感。

相反，如果孩子不喜欢做某件事情的时候，我们则要多多鼓励他。当孩子出现不良的行为时，我们要做的不仅仅是常见的纠正法——打骂、吼叫、批评和惩罚。

鼓励，同样也能用于孩子纠正不良行为！这是因为，在下定决心纠正问题之前，直面问题本身，对孩子来说就是一个巨大的挑战。

有的孩子习惯于挑战难题（哪怕只有一点点困难的问题），但有的孩子一遇到问题就会选择放弃，这也是为什么有的孩子很容易改正错误，但有的孩子却很难改。

当孩子感到惊讶或印象深刻的时候，会记得更牢，也学得更好。所以，当我们不断冲孩子吼叫或者批评孩子做得不好的时候，激烈的言行只会强化孩子对这些不良行为的感受，让他们对自己的不良行为记得更牢，从而一而再再而三地犯错。

在英文里，encourage这个词可以拆分成en和courage，意思就是给予勇气。孩子有了勇气，才会坚持去做正确的事情，才敢于拒绝错误的事情，才会有信心面对挑战——比如开始直面和改变自己的不良行为。

工具6：言行一致

"言行一致"这个词看起来有点陈词滥调，大多数人对此的理解是："怎么说就怎么做。"例如，"答应爸爸妈妈不玩手机，就不能玩手机"。如果仅从这个层面理解言行一致，便忽略了其原本更广的含义。

言行一致到底指什么？

当我们谈论言行一致的时候，实际想说的是语言和非语言层面的一致性。研究发现，人类在传达信息时，有90%的信息是通过非语言层面的表达所传递的。

我们来比较一下下面两种不同的场景：

场景一

妈妈坐在沙发上刷手机，注意到时间已经很晚了。于是她一边继续看手机一边对孩子说："太晚了，该去睡觉了！"半晌，妈妈察觉到孩子没有回应，于是又重复了一遍："太晚了，该去睡觉了！"

场景二

妈妈坐在沙发上刷手机，注意到时间已经很晚了。于是她放下手机，从沙发上站了起来，走到孩子的身边，蹲下来，先是摸了摸孩子的头，然后柔声对他说："太晚了，该去睡觉了！"孩子抬头看向妈妈，发现妈妈正用充满期待的眼神看着自己——此时，妈妈看到孩子抬头，意识到他已经注意到自己的到来，于是将他抱起来放在自己怀里，又一次看着他的眼睛说道："太晚了，该去睡觉了。"

在这两种不同的场景中，妈妈所发出的语言信息是相同的——重复了两遍"太晚了，该去睡觉了！"但当我仔细描述具体的动作、环境、语言、表情、感受时，相信你立刻意识到了这两种沟通方式的不同之处。

在场景一中，妈妈为孩子提供的语言信息是该睡觉了，但非语言信息却在说：没关系，可以继续维持原状，就像妈妈始终坐在沙发上不动一样，你也可以待在原地不动。

而在场景二中，妈妈为孩子提供的信息——在语言层面和非语言层面达成了一致：语言层面，妈妈两次告诉孩子"太晚了，该去睡觉了！"而在非语言层面，妈妈放下手机开始行动，为孩子的行动作出了表率；

她走到孩子身边，让孩子感觉到自己已经被妈妈所关注，妈妈走过来就是要求自己也有所行动；接下来，妈妈和孩子的肢体接触和对话更强化了孩子需要去睡觉这一观点。并且，母子间的亲密互动还传递了另一层意思——"妈妈爱你、尊重你，也希望你也以爱我和尊重我的方式，像妈妈一样开始行动"。

我们很容易将言行一致落实到同一个人的身上，然而，言行一致在育儿方面的真正含义是：别只是说，更要行动！

人类在漫长的进化史中诞生了自己独有的语言，但非语言信息仍占据着非常重要的位置。

就如我们在微信上和伴侣发送一句"我回家了"，对此会有不同的解读。如果对方心情好，可能会觉得你已经回家了，在等对方回家；如果对方心情不好，可能会觉得你在催促他，他都已经回家了，你怎么还没回家？

即便是我们将语言信息补充得非常丰富，例如："我回家了，先做饭，等你回来吃饭"——对方也可能认为你对他的到来充满期盼，也可能认为你心怀不满地承担了厨房事务，还可能认为你只是例行公事地汇报一下当下的状态。这时，我们通常会加个表情符号，用以帮助对方更清晰地理解我们的表达。

这种表情符号，乃至现在流行的各种表情包，其实都是非语言层面变形的信息传达。

请注意，孩子对非语言信息十分敏锐

成年人之间的沟通尚且如此，父母和孩子之间的沟通，更需要丰富的非语言层面的信息传达。

有一次，我带着小萌在餐厅吃饭，隔壁桌一个两三岁的小男孩突然抓起了餐桌上的钢制刀叉！他的妈妈显然很着急，坐在对面大吼道：

"快放下！放下来！"

但是小男孩不为所动，依旧玩着刀叉，于是妈妈提高了音调大喊道：

"你快给我放下来！"

小男孩仍然置之不理，甚至都不看妈妈的眼睛。妈妈更生气了，她一把抢过孩子手里的刀叉，孩子的小手被刀上的锯齿划伤了，开始嗷嗷地哭。这时，这位妈妈吼道：

"活该，都跟你说了有危险，你非不听！这下受伤了，知道疼了吗？看你下次还敢不敢不听我的话！"

随后，她一边拽着小男孩的手腕急速走着，一边嘴里还骂骂咧咧地离开了餐厅。

"妈妈，为什么阿姨说是这个小弟弟的错呀？"目睹了这一切的小萌疑惑地问我，"我都看到了，明明就是她抢走刀叉，小弟弟才受伤的。"

"你说得没错，"我揉了揉小萌的头发，"小弟弟受伤确实有阿姨的责任，但他一开始就不该去碰危险的东西，比如这种用来切牛肉的刀叉。"

从小朋友不听话开始，到大人失控为止，这种情况我们早已不是第一次见到了。为什么说什么孩子都不听呢？对此大人们总是很迷惑。

其实，对于小朋友来说，非语言所传达出的信息更容易让他们接受，与之相对，语言所传递的信息反而显得不那么重要。

比如，餐厅里的这位妈妈要求小男孩立刻将刀叉放下，但她却没有出手制止小男孩玩刀叉的行为。这样的做法也就给了小男孩选择，他要么可以听话，停下玩刀叉，要么可以不听话，继续玩刀叉。显然，只有前面的选项，而非两个选项都可以被家长所接受。

危急情况下，我们不仅应口头上要求他们停下来，还应立刻上前阻止他们的行为。这样一来，在孩子的眼中，我们就能做到言行一致，即，语言上要求他停下来，同时行动上也要求他停下来。

当我们试图和6岁以下的孩子沟通时，既需要言语上的引导，也需要行动上的直接引导。

比如，我们希望小朋友快点出门，仅仅从语言上催促，往往收效甚微。相反，通过一系列的动作，例如，将出门前需要穿的衣物放到他的面前，或者蹲下来和他对视沟通等，就能让小朋友更好地从这些非语言信息中意识到要出门了，自己需要立刻行动起来。

如果希望小朋友在外面跑得慢一些，我们会大声吼："慢点！慢点！"由于着急，我们的语调往往是非常急速而且高昂的。这时候孩子只会听到我们语调中的快速感，甚至会更快地跑走。相反，如果这时候我们能将语调放慢，告诉他"慢——慢——慢"，他就会不自觉地跟随我们的语调放慢自己的步伐。当然，最好的办法是立刻冲上去牵住孩子的手，让他真正意识到自己应该慢下来或者停下来。

再比如，在公共场合我们希望孩子能够安静下来。由于着急，我们告诉孩子小声一点儿的时候声音可能比较大——因为这样才能够压过孩子的声音。而对于孩子来说，这时家长又表现出了言行不一致，即语言想表达的内容是让他们说话小声一点儿，但家长自己却在大声说话。此时，不妨将语调放得低沉一点儿，比画出"嘘"的手势等，这样往往效果更好。

曾经有一位妈妈向我咨询："为什么我家孩子每次都不肯去刷牙？而且怎么说他都不听？"

听到她焦虑的语气，我问道："那有没有过这样的情况？就是当他怎么也不听的时候，我们最后把他拽去刷牙，他也就刷牙了？"

"对，对。"这位妈妈频频点头。

"那就对了。孩子其实很聪明，他非常清楚父母的底线在哪里——只有当你开始把他拽走，这才是你真正表达出要他去刷牙的讯号。下次，你希望他去刷牙时，不要只靠说。试试走到他身边，牵着他的手，一边带他去洗漱台，一边告诉他要去刷牙了。这样试一试，效果也许会截然不同。"

当天晚上，这位妈妈走到孩子身边，牵着他的手一起去洗漱时，孩子一反常态，变得非常温顺配合。

家庭中的言行一致

当我们将言行一致放到家庭背景下时，会发现更大的挑战往往源于——人与人之间难以做到言行一致。

曾经有一位妈妈向我诉苦：

她家有两个孩子，大的7岁，小的1岁多，孩子的奶奶总是喜欢哄骗他们。

比如，奶奶带小宝出去玩，大宝也要一起去，但是大宝的粥还没有喝完，奶奶就说她会等着大宝，等粥喝完了一起去。结果大宝把粥喝完了，奶奶已经带着小宝走了。惹得大宝好一场大哭，直说奶奶骗人。

第二次，同样的场景下，她又说等大宝把粥喝完了一起去，大宝当时就说奶奶爱骗人，上次说等自己就没等，然后赶紧跑去喝粥。这位妈妈以为奶奶这次怎么也不会再失信了吧，结果等大宝喝完粥到门口一看，又没人了……

这位妈妈说，诸如此类的事情举不胜举，跟奶奶也讲了很多次道理，但奶奶总是说她的孩子都是这样骗大的，她都骗习惯了。

当我们遇到这样的养育挑战时，应该如何做，才能与孩子顺畅沟通呢？

绝大多数情况下，养育的原则是"谁带谁做主"，不涉及原则的问题都由着老人以自己舒服的方式去处理；但如果涉及我们所坚持的原则问题，就要做好两手准备：要么老人可以接受你的想法，你应该感谢老人的付出和改变；要么老人不能接受你的想法，那就换人来带。

你不可能既要求老人带娃，还要求老人改变习惯了的行为方式——改变自己都很难，更别说改变老人了！

的确，在"能怎么办"和"想怎么办"之间是存在鸿沟的。我们当然希望老人有所改变，不要再骗孩子了。但是，这位妈妈多次尝试与老人沟通，不也都失败了吗——"诸如此类的事情举不胜举，跟她也讲了很多次道理，她总是说她的孩子都是这样骗大的，她都骗习惯了。"

说"能"之前先考虑"不能"。在家庭的旋涡之中，我们至少短期内不能改变老人，那就只能改变自己和孩子。我们秉持的原则应该是——不管别人如何对待孩子，自己都要做正确的事。

第一，肯定孩子的真实感受。 坦诚地告诉孩子，奶奶类似的"骗人"行为是不对的。

奶奶答应大宝喝完粥就带他出去玩，但她没有做到——奶奶说话不算话，这是不对的。

第二，妈妈要注意言行一致，答应孩子的事情要尽力做到。

假如奶奶因此成为反面教材，孩子们此时更需要正面榜样。

如果妈妈能做到说话算话，就会成为孩子心目中的榜样——孩子会意识到：妈妈说话算话，可以信赖。不管别人如何对待孩子，只要父母能教给他正确的事，他就会去做正确的事——甚至可能因为痛恨被哄骗而更努力地成为一个正直的人。

第三，老人需要被体谅，但父母更需要解决问题。

如果有更好的办法，奶奶又怎么会去选择"骗人"呢；就像如果我们能跟孩子更好地沟通，又怎么会选择"打骂"呢？让奶奶一个人带两个孩子出去玩，显然是不现实的——年纪大了，孩子又跑得快，她确实看不住。所以，作为妈妈，应该意识到奶奶的口头承诺只是对孩子的敷衍——她做不到，又不想起冲突，因而选择了对她自己而言最有利的策略——哄骗。

这时，妈妈完全可以参与其中。如果大宝只是想出去玩，其实并不在意谁带他一起出去，妈妈可以和宝宝协商："大宝，等你喝完粥，妈妈带你出去玩。"如果大宝只是想和小宝一起玩，也不在乎在哪里玩，妈妈可以和奶奶商量："先别带小宝出去了，大宝希望和小宝一起玩，都在家里玩吧。"如果大宝小宝都无所谓去哪里玩，只是奶奶想出去透透气，妈妈可以和奶奶沟通："妈，你想出去就出去吧，大宝和小宝我带会儿。"

通过这些方式，在了解到两个孩子和老人的具体需求后，妈妈可以尝试参与其中，并找到两全其美的解决方案。

第四，奶奶故意逗弄孩子为乐时，父母要挺身站出来。

当孩子经常被哄骗时，确实会受伤，从而更难信任人，甚至会学习这种欺骗的行为。这时，建议父母挺身站出来，指出奶奶的做法不对——如果不便当着老人的面说，可以私下和孩子沟通。

实际上，孩子的感知是非常敏锐的。当他们一再被哄骗时，就会渐渐失去对言行不一致的人的信任，也会对别人的承诺做出更理智的判断。

　　相反，只要我们自己坚持去做正确的事，坚持对孩子做到言行一致，孩子就不会对所有人的承诺丧失信心——反而会和那些正直、说话算话的人走得更近。

工具 7：ACT 三步法

当我们不希望孩子去做一些事的时候，应该怎么引导呢？

例如，小朋友总喜欢像猴子一样在床上跳，该如何让他们停下来呢？这是本节内容我想要分享给大家的"ACT"三步法：

第一步：接纳孩子的愿望或情感（accept your child's wishes or feelings）。

父母首先要完全接纳孩子的意愿或者是情感。例如："我知道你喜欢在床上跳，也觉得这样做很有趣，对吧？"这种说法会让孩子意识到你理解他的想法，从而展开基于信任的对话。

告诉孩子我们理解他的感受或者是愿望，并不意味着我们允许他去做这件事情，这只是说明我们意图理解和接纳他的想法。

家长也可以展开说："我知道你喜欢跳来跳去，尤其是在床上跳的时候特别有弹性，所以觉得特别好玩，对吧？"通过展开描述原因，我们可以知道孩子喜欢的关键点在哪里。

第二步：沟通规则（communicate the rule）。

这一步要与孩子沟通规则，建立双方对规则的一致理解。如果孩子从来没有在床上跳过，当他第一次跳时，我们完全没有必要去大声谴责他。

相反，如果孩子明明知道不能在床上跳，也知道这样跳的坏处，但他仍然坚持在床上跳。这时候，我们就需要与孩子明确规则。记住，父母一定要在完全接纳了孩子的情感和想法以后，再开始沟通规则。

跟孩子交流的时候，语气要尽量保持平静和坚定，告诉他这样做是不对的。例如："床是用来睡觉的，不是用来跳的，你跳下来可能会受伤。"尽量用简单的、孩子能够明白的方式去陈述。

第三步：达成积极的结果（target a positive choice）。

家长主动和孩子进行有效沟通，完全可以达成一个积极的结果——也就是两全其美的解决方法。家长不但要告诉孩子不要怎么做，同时也要告诉孩子应该怎么做，因为对于小一点儿的孩子来说，当你在动词前面加上一个否定词，他往往会忽略掉前面的否定词，而只抓住后面的动词。

例如，你在公共场合跟孩子说"不要跑了"，但是他只会关注位后面的"跑了"这一关键词，于是跑得更开心了。这也是为什么否定式的命令对于孩子来说，效果不太好，还会让孩子喜欢跟你对着干的原因。

对于3岁以下的孩子来说，一次性记住4～6个随机的数字都有困难，让他们一次性记住一个长句子就更加困难了。

自由和规则总是相对的，当我们在一方面用规则去约束孩子的时候，在另外一些无关紧要的方面就可以适当放松，给他一些自由。比如我们带孩子出去玩，需要在车流繁忙的街边紧紧握住孩子的手，但是到了野外人少的地方，在平缓的坡上，就可以松开手让孩子自由地奔跑。

现在，我们可以试着用ACT三步法来处理孩子总爱在床上蹦跳这个行为。

当我们接纳他的情绪，并且重申了规则以后，可以为孩子提供一个新的选择——这个选择是我们和孩子都能接受的。

比如，孩子如果仅仅是喜欢跳，那么我们可以将他带到户外，在安全的地方跳；或者孩子是喜欢在床上蹦跳的那种感觉，那么我们可以给他选择蹦床，让他在专门的蹦床，而不是在睡觉的床上跳；还可以把枕头从床上挪到地垫上，让孩子在地垫上尝试着跳过枕头，这对他来说都是可能会去接受的选项。

小一些的孩子更容易分心。当你提出一些新鲜的解决方案，他们可能很快就会改变原有的行为；大一点儿的孩子可能意愿更坚定一些，并表现得更固执。

此时，想要解决问题，就需要找到孩子需求的关键点，也就是关键的动机，然后对症下药。

我家楼下有一位八十多岁的老太太，心脏不太好，所以我家的儿童活动房和书房都铺上了厚厚的地垫。有一天，我发现小萌正在卧室的地板上拍球，这是他在幼儿园新学的技能，老师要求孩子们回家练习。

于是，我用ACT三步法，试着和他沟通：

A："小萌你在练习拍球呢，真是太棒了！是不是老师新教给你们的活动呀？看上去你好像很喜欢拍球！"

C："但是我们不能在家里拍球，你还记得吗？咱家楼下有个老太太，她听不了太激烈的声音。我们在这里拍球的话，她可能会觉得心脏在怦怦乱跳，会感到非常不舒服。"

T："再过10分钟，我可以带你出门去拍球，但是现在呢，我们可以在卧室里稍微休息一会儿。或者你也可以在活动室里玩一会儿软排，先找找手感，没准待会儿会拍得更好呢！"

C："你还记得吗？在幼儿园里小朋友们是不是也没有在教室拍球，而是去楼下院子里拍的？"

T："所以你稍等我一下，咱们一会儿就出门去拍球！"

日常生活中如果我们已经跟孩子沟通过规则，但是他仍然坚持要看动画片，并且在我们用"选择—结果"的方式抱走他时嗷嗷大哭，父母该怎么做呢？

第一步：让孩子的情绪平静下来。

深呼吸或者是积极暂停，都是有帮助的。年纪比较小的孩子更难以控制自己的情绪，这时候我们就要用到一些具象化的控制情绪的方法。例如，用情绪罐子让孩子感受到自己的心情慢慢地平复下来，或者像蝴蝶挥动翅膀，风中摇晃的大树一样，边舞动自己的手臂边配合深呼吸，这些办法都可以让孩子的情绪慢慢地平复下来。

第二步，孩子情绪平复后，再继续使用ACT三步法。

A："小萌，我知道你现在对我很生气，因为我不让你看动画片。"

C："但是我们已经约定好了，每次最多看20分钟的动画片，否则我们的眼睛就会受到伤害，可能连一集动画片都看不了了。"

T："明天我们还可以继续看动画片，不过现在我们需要去刷牙了，再美美地睡上一觉。如果你真的很喜欢那个动画人物，回头我会给你买一些他的贴纸，这样你不仅能够在动画片上看到他，也能在你自己喜欢的东西上都贴满他。"

这只是其中的一个解决方案。现在有的动画APP可以设置时间限制，一旦时间到了，APP就会自动关闭，并且出现睡觉休息的小人儿，也能从侧面提示小朋友不能再继续看了。

如果在沟通时小朋友一听到"动画片"这个关键词又开始尖叫，我们还可以用ACT三步法来平复他的情绪：

A："小萌，我知道你现在很生气，也很愤怒。"

C："但是我们不能一生气就开始哭闹。"

T："你可以到自己的房间里去哭一会儿，或者抱着我哭一会儿，等你觉得好点儿了，我们再来谈谈你想要什么。"

注意，当我们跟孩子进行沟通时，需要在孩子情绪平稳的时候进行。

孩子哭闹时，一定不要答应他的任何要求。否则，孩子会逐渐放弃语言和理性的方式进行沟通，慢慢变得越来越任性、越来越难以沟通。

有时候，如果事情紧急，我们来不及根据三步法来依次进行，这时稍微打乱一下顺序也可以。但当我们有空的时候，还是要尽量按照这个次序来，孩子会更容易接受一些。

此外，运用ACT三步法时还有一些注意事项：

第一，跟孩子沟通的时候要看着孩子的眼睛。我们也许需要抱着他，或者蹲下来看着他，这样当我们和他沟通的时候，他就能更好地听我们在说什么，而不只是闭上眼睛放任自己去哭闹。

第二，尝试给孩子提供其他的选择或解决方案。比如，小朋友虽然不能在卧室的床上跳了，但家长可以带他们出门跳；小朋友虽然现在不能看动画片了，但是明天还会有看动画片的机会，这样做也是培养孩子延迟满足的能力。

第三，在沟通的全程，家长和孩子都需要控制好情绪。无论是家长还是孩子，但凡有一方情绪失控，都无法进行理性沟通，更难以达成积极的结果。

你有没有想过，孩子为什么会听话？

其实，在是非观还很模糊的孩子眼里，他听话不是因为你说得对，也不是因为你觉得自己这么做是为了他好。而是因为他觉得你了解他，所以信任你，也信任你所提议的方案和选择。

这种信任在亲密关系中非常重要。它不仅能帮孩子度过第一个人生叛逆期（2岁时），也会在未来每一个孩子和你发生冲突、孩子受挫向你求助的时刻发挥重要的作用。家长如果能一开始就建立好规则，并且引导好孩子，今后遇到问题时会很容易解决。然而，当孩子已经开始变得任性，习惯用哭闹去控制成人的时候，做出改变显然会更困难。

无论是孩子还是成人，改变的方法是一样的——需要你付出加倍的耐心和思考。此外，孩子的性格和行为方式，除了先天的遗传以外，和后天的环境也有莫大的关系。孩子的行为出现问题，往往不仅仅是孩子自身的问题，更多是整个家庭以及孩子所接触的环境所导致的问题。

改变孩子，从改变自己开始。

工具 8：新的经历

人本主义心理学先驱、现代自我心理学之父阿尔弗雷德·阿德勒，创立了个体心理学，他认为——一个人儿童期的经历，会影响其未来的心理状态。

感知和诠释的力量

阿德勒离世后，他的弟子鲁道夫将阿德勒心理学应用在儿童教育方面，写出了至今仍深深影响广大父母的《不当孩子的奴隶，一样教出好小孩》（*A Parent's Guide to Child Discipline*）一书，使阿德勒的儿童教育理论在欧美教育界成为最广泛应用于儿童人格培养的心理学派。

你可能对此感到陌生，但儿童教育类经典《被讨厌的勇气》等，都是根据阿德勒的教育理论延伸出的著作。如今，阿德勒心理学派的观点广泛地运用在大众生活，也激励了无数人勇于超越自己的自卑和童年。

阿德勒心理学核心观念之一，即感知和诠释的力量。简单来说，我们所做的决定一定是源于我们信念的改变，而这一切的源头又来自我们的经历。

正面管教（positive discipline）的教育理念，将人从经历某件事到最终做出某个决定的过程拆分为五步：经历（Experience）- 感知（Perception）- 诠释（Interpretation）- 信念（Belief）- 决定（Decision）。

这看起来有点抽象，我们不妨通过具体的例子来解读：

有位妈妈说，一天晚上，她给3岁的宝宝刷牙。为了让宝宝愿意主动刷牙，于是妈妈提出和孩子来玩剪刀石头布游戏，谁输了谁就刷牙。结果，宝宝输了。但在这一猜拳的过程中，妈妈只来得及刷他下面的牙齿，上面的牙齿还没来得及刷。

于是，这位妈妈改变了方式，一边唱《小星星》，一边给宝宝刷牙。结果，歌是唱了三遍，但牙还没刷完。

接下来，妈妈开始给宝宝讲故事，宝宝听得津津有味，但每当妈妈将牙刷放到他嘴边，他就赶紧把嘴巴给捂上，好说歹说，就是不松手。这位妈妈心平气和地劝说了10分钟，怎么也不管用。

这时，妈妈再也按捺不住情绪——爆发了，而且一发不可收！"刷不刷？"这位妈妈把宝宝按在自己腿上，边打屁股边问，"刷个牙就这么难吗？每天都要做的事，早做完早了事，你这是干什么呢？"

这位妈妈边打边吵，声音提高了几个分贝，把睡着的奶奶都吵醒了。回想起来，这位妈妈觉得自己当时就算面前有个大水缸，都能一脚将它踢碎。

至于宝宝，则在一边哭，小手还不停地抓妈妈的衣服让妈妈抱；可在当时，妈妈已经气得七窍冒烟，哪里还想抱他。打完屁股以后，孩子含着眼泪乖乖去刷牙了。可是没过多久又故态复萌，每次刷牙都跟打仗一样，真是令人苦恼！

让我们试着用感知来诠释这个过程，一起来对这起事件抽丝剥茧：

经历：拖延刷牙的时候，爸爸妈妈会陪我唱歌、讲故事、玩游戏。

感知：刷牙的时候不刷牙，实在是太快乐了！

诠释：原来拒绝刷牙，会带来这样的好处！

信念：只要我拒绝刷牙，就会获得快乐的亲子时光。

决定：拒绝刷牙。

当孩子对于刷牙这件事的理解出现偏差，认为只要自己拖延进度，父母就会开启有趣的亲子陪伴模式时，他就会开始拖延——直到父母爆发，停止这一模式之前，都是他可以用拒绝刷牙来说了算的美好时光。

这也是为什么在原则问题上父母一旦让步，或者通过哄、劝、骗、诱之以利的方式让孩子服从，孩子就会越来越难养、脾气越来越大——这是因为，父母的应对措施让孩子了解到自己的不良行为会给自己带来利益。而在上面的事例中，这样的利益就是孩子能通过拖延刷牙来获得妈妈的亲密陪伴！

不一样的信念和决定

我们通常在解决问题的时候会采取头痛医头、脚痛医脚的方式，觉得这是真正的对症下药。然而，这些方法时而有效、时而无效——其失效原因，正是由于每个人内心的信念和决定是不一样的。

孩子不愿意刷牙的时候，我们可能从刷牙这件事本身去考虑问题：是不是牙膏的味道太刺激？是不是水温不够适宜？是不是孩子没有找到他所喜欢的牙刷，等等。但是，很少有人考虑：是不是因为之前的刷牙经历让孩子一听到刷牙就下意识地逃避？

比如，我们可能为了让孩子张嘴而强行摁住他的手脚，强硬地要求他张嘴等，这些对抗的肢体语言——也就是我们在"言行一致"一节所提到的非语言层面的信息——其实会让孩子更害怕刷牙，而并非仅仅是刷牙本身的问题。

当我们让孩子自己挑选喜爱的牙刷，准备了受孩子欢迎的牙膏，倒好了温度适宜的漱口水，但孩子仍不愿意刷牙时，一定是因为没有新的经历让孩子对刷牙这件事产生新的感知、诠释、信念和决定。

让孩子多历练、见世面、积累经验，正是因为这一过程中令人愉悦的经历会让孩子产生胜任感，从而激励其一路披荆斩棘、勇往直前。

阿德勒认为，任何行为有问题的孩子都是内心丧失了自信的孩子。因此，当孩子表现出任何不良行为时，他内心真正的诉求是：我是个孩子，我想要价值感和归属感。

有位妈妈说，她家3岁半的孩子平时在家弄坏东西，或者偶尔尿床后，都会将问题推到爸爸身上，说是爸爸做的。她试图跟孩子讲撒谎不好，爸爸妈妈会因此不喜欢他，同时，用绘本予以引导，给他讲述《狼来了》的故事。但是，这些措施收效甚微。每当孩子犯了错，依然怪罪于爸爸，这让她很是苦恼。

为了让自己获得价值感"我可以把这件事做好，我是有价值的"和归属感"我不希望妈妈骂我，我想妈妈接纳我"，这个孩子，正如绝大多数孩子一样，会采取撒谎的策略。比如，推卸都是爸爸做的，从而维护自己的价值感和归属感——不是我做的，我依然是有价值的，我依然会被妈妈接纳、尊重和爱。

孩子产生这样的信念，通常和他之前的经历以及诠释的方式有关：

也许他弄坏了东西会被批评，而爸爸弄坏了东西就没事（至少他自己不受影响），所以他就选择将责任推给爸爸；也许明明要被批评了，但妈妈却先问他这是谁干的，其实就是给了他一个开脱的机会。

又或许，平时爸爸妈妈都不理自己，一旦自己弄坏东西或者尿床，爸爸妈妈就会来陪自己玩游戏，所以，继续做这些事就会让爸爸妈妈注意到自己，以之增强自己的归属感；或许推脱给爸爸以后，妈妈和爸爸只会告诉他"以后不能这样了"，但并不会因为弄坏东西本身而责罚自己，所以这方法还可以继续用；也许他发现即使自己一而再再而三地推脱责任，妈妈爸爸也并没有不爱他，依然待他如往常一样，所以这些只是一时的气话罢了。

孩子经历了什么，爸爸妈妈自然比我更清楚。用上述的思路去想一想，也许你就能理解孩子行为背后真正的目的和动机。

这时候，如果我们只是告诉孩子结果，例如"撒谎就是坏孩子""爸爸妈妈再也不爱你了"……这样只会让孩子越来越缺乏价值感和归属感，从而出现更多的行为问题。

我们可以抱抱孩子，告诉他，我们也知道他其实不想这样，他也许现在也很伤心难过。接下来，让我们一起想一想解决办法，例如一起把坏的东西修补好，或者让孩子帮忙把尿湿的床单换下来，等等。

作为父母，我们帮助孩子解决问题，实际上是要解决两方面的问题：一是浅表层的实际问题，可以通过拆解步骤、简化问题、鼓励新的思维方式等予以解决；二是深层的心理诉求，帮助孩子建立胜任感和安全感，才能更好地达到教育的长期效果。

给予孩子新的经历

既然经历对孩子有深刻的影响，那么我们就可以通过给予孩子新的经历，来改变孩子对自己及父母行为的认知，从而规范孩子的行为。

比如，面对一个因为想要获得关注而总是抢妈妈手机的孩子，我们不再给予他惩罚，而是告诉他："从现在开始，妈妈给予你一个特权：当你想和妈妈说话的时候，就过来抱抱妈妈。记住，只要你肯来抱抱妈妈，妈妈一定会放下手机陪你！"

当他下一次过来抢手机的时候，可以提醒他："上次我们说好的，你需要妈妈的时候，可以过来抱抱妈妈！"

这时我们要做的就是给予他新的经历了——当他走过来抱着我们，而不是抢手机时，我们立刻放下手机，回抱他，并询问他需要什么，是想要某件够不到的玩具，还是因为无聊而希望妈妈能陪陪自己？

接下来，孩子也许还会来抢手机。但如果我们能坚持提醒他，获得妈妈关注的唯一方式是抱抱妈妈，而非抢手机，那么很快他就会学会召唤妈妈的新手段——抱抱妈妈。

在旧有的经历中，孩子发现只要自己抢手机，妈妈就会关注自己。而在新的经历中，我们让孩子体验到——只要过来抱抱妈妈，妈妈同样会关注自己，同时还能避免被妈妈批评，他不但会减少抢手机求关注的方式，还会更愿意相信妈妈所说的话。

现代心理学中著名的理性情绪治疗法，也与之异曲同工，认为可以通过ABCDEF模式来改变一个人的行为，分别是：

Activating event：促动、触发事件或经验；

Belief：信念、想法或看法；

Consequence：情绪反应、情绪结果或行为效果；

Disputing：驳斥、检查、处理、辨别或改变；

Effect：效果；

Feeling：新的情感。

简单来说，当一个人遇到了某个事件或某段经历时，会产生一定的想法和观点，从而导致自己的情绪或行为反应。因为，无论是从事件（导火索）还是到行为，起到关键作用的正是蕴于其中的信念。

比如，同样是父母拿走了孩子的袜子，有的孩子会大哭大闹，认为父母要把自己的东西拿去扔掉；有的孩子会非常生气，觉得父母破坏了自己做事的秩序感；有的孩子则很开心，因为他不想自己动手去收拾臭袜子，所以他觉得父母的行为帮助了自己。

从事件到行为，其中的关键力量正是一个人的信念。因此，如果我们想要减轻或消除孩子的不良情绪，就必须改变孩子的信念。例如，我们可以明确告诉孩子，拿走他的袜子不是扔掉，只是要把袜子洗干净等——多尝试一下，看看哪种理论是孩子最容易接受的。

通常来说，往往父母基于事实的陈述最容易被孩子所接受——只要我们的解释和新的做法会让孩子改变旧有的认知，产生新的认知，下一次遇到类似的事情，比如父母拿走他的袜子，他可能就不再会觉得袜子要被扔掉，而意识到父母是要帮他清洗袜子，从而不再大发雷霆。

如果我们能说服孩子——那当然好；如果不能，可以通过给予孩子新的经历，来改变他的想法，从而更好地沟通。

工具9：建立信任

怎样才能获取孩子的信任？这是一个看似简单，实则暗藏玄机的话题。

因为现代科学研究的成果，推翻了很多诸如"谁照顾孩子，孩子就信任谁"的主观假设，解释了类似"我付出了这么多，为什么孩子却不听话"的难题，并给家庭教育提供了更多科学的启示。

研究到底有哪些因素会影响孩子的信任，确实非常重要。

这是因为除了安全因素外，儿童在其成长过程中，还需要不断地评估和甄别各种各样的信息和信息源。

从2010年开始，哈里斯（Harris）和科瑞维（Corriveau）两位学者进行了一系列儿童信息识别的研究，由此开启了一个全新的发展心理学研究子领域，即考察 3～5 岁儿童对信息提供者所提供的信息是如何进行选择和验证的。

依恋和信任

很多人认为，孩子天然信赖自己所依恋的人——这也是学者所感兴趣的话题，即依恋和信任的关系。

依恋，是儿童与其养育者（例如父母）之间所形成的特殊情感联结，研究该领域的权威安斯沃思（Ainsworth）在陌生情境测验中将儿童依恋分为三类，后来，又有学者对安斯沃思的理论进行了补充。目前，学界普遍将儿童依恋分为四类——即安全型、回避型、矛盾型和混乱型。

2009年，在一项实验中，哈里斯等人选取了147位4～5岁的孩子，让他们分别听取来自妈妈和陌生人之间互相矛盾的观点。

最初，孩子看到一个完全陌生的新奇事物时，倾向于相信妈妈的话，而不是陌生女子的话；之后，孩子看到50/50混合的图片（例如一半是牛、一半是马的混合图像）时，也普遍愿意相信妈妈的话，而不是陌生女子的话；接下来，孩子看到75/25混合的图片（例如75%的特征像牛，25%的特征像马）时，开始普遍接受陌生女子的观点，而不是妈妈的观点。

然而，研究者发现，儿童的反应模式也因依恋状态而异。安全型的孩子更愿意相信妈妈的话，回避型的儿童则更愿意相信陌生女子的话，矛盾型的儿童则更甚。

经验和信任

2011年，哈里斯等人又选择了多名4～5岁的儿童，研究他们在学习关于语言等新知识时是否会相信特定的人。

在第一组实验中，16名儿童参与了实验，研究者设计了一系列关于新事物的学习实验，两名不同的教授者提供的信息正确率不同。当他们教授孩子新知识时，孩子更愿意相信此前的教授过程中正确率高的教授者。

在第二组实验中，16名儿童参与了实验，在两名不同的教授者中，一名所教授的信息全对，另一名则全错，而孩子们在学习新知识时，普遍选择了相信之前教授信息全对的人。

结果发现，当孩子在学习新知识时，教授者过去所提供的信息越是准确，他们就越愿意相信这些人；如果教授者在过去屡屡出错，则孩子们越不相信他们所教授的新知识。

与之类似，在语言学习方面，孩子更愿意向那些符合自己过去语言经验的人学习，而不是背离他们过去经验的人。

时间和信任

为了确定儿童是否会在短期内或长期内保留对先前信息准确的人的信任，2011年，哈里斯和科瑞维对参与上个实验的儿童进行了跟踪研究。

结果发现，无论是短期（1天后）还是长期（4天后，7天后），4～5岁的儿童都保留了对先前提供准确信息之人的信任。同时，如果孩子能够明确识别出此人，一周之后，他们也仍然倾向于从此人处寻求和接受信息。

文化立场和信任

2011年，哈里斯和科瑞维经过一系列实验后，还发现孩子更倾向于信任和自己有共同文化背景的人。

孩子会观察信息提供者的文化立场。如果不同的信息提供者所声称的内容是互相矛盾的，那么孩子们会倾向于那些和自己在文化方面更有共识的人的主张，因为他们的行为遵守而不是偏离了群体的规范。

其他研究也发现，孩子更愿意相信本地口音的人所说的话。

那么，孩子天然就会信任照顾自己的人吗？

对于0～3岁的孩子，在他们还没有发展出自我意识和心理理论之前，只有照顾人能照料他的饮食起居，帮他达成所需，是他唯一可以求助的人——他当然会更信任对方。

但是，上述针对3～6岁孩子的研究，已经推翻了这样的结论——**不是谁主要照顾孩子，孩子就信任谁**——而是要看照顾的质量。

对于那些在3岁以前，给孩子的行为给予及时回应和积极反馈的父母，能够和孩子建立起安全型依恋关系，这种依恋关系会让孩子更相信父母的话。

相反，那些虽然一直在孩子身边，但大多数时候只是玩玩手机，或者孩子受伤了、发生危险了，才急急忙忙冲过去，对于孩子的行为很少给予及时和积极回应的父母——即便是孩子的主要照顾人，也不一定能建立安全型依恋关系，甚至容易形成回避型、矛盾型和混乱型关系——在这些不安全型的依恋关系中，孩子不容易相信自己的父母。

不是谁对孩子付出多，孩子就信任谁，而要看此人提供信息的准确性。

在孩子尚无辨别能力时，一些照料者会以哄骗的手段来达到目的，例如：

告诉孩子一到天黑外面就会有大灰狼出没，所以不能出门；

告诉孩子要盖好被子，否则熊外婆就会来啃孩子的小脚丫；

告诉孩子商店里昂贵的玩具不如家里的好玩，将孩子带离柜台等。

然而，当孩子逐渐发展出自己的判断能力时，他们会发现原来这些人提供的信息会屡屡出错——即使抛开被欺骗的愤怒情绪，为了寻求正确的答案，他们也会逐渐失去对这些提供错误信息者的信任。

延伸的话题就是"说到做到"，如果父母答应孩子的事总是做不到，此前的承诺也就成了错误的信息，从而会侵蚀孩子对自己的信任。

不是谁陪孩子久，孩子就信任谁，而要看谁的信任关系建立得好。

即使相处时间长，对于3～6岁的孩子来说，也未必会信任和自己朝夕相处的人——这是因为他们基于原有的经验，会更信任给自己提供准确信息的人。

因此，即使职场父母对孩子的陪伴时间较少，但是在有限的陪伴中，我们能给孩子提供准确的信息，例如，解释世界真正的运行原理。例如，说到做到——孩子就会在真实的经历中建立对父母的信任，而这种信任不论短期还是长期，都不会消失。

现有研究中提到的长期仅为一周，如果长时间不在孩子身边，是否还能保留这种信任关系，对此尚无研究——因此，如果是和孩子分处异地，有机会的话还是要多和孩子直接联系——即使不能亲自陪在孩子身边，也要经常和孩子视频聊天，或者以其他方式沟通也很重要。

在信任的建立中，陪伴仍然很重要，但更重要的是陪伴的质量。

为什么在我们的感知中，孩子会更信任长期的照料人？

因为在陪伴孩子的过程中，主要的照料人有更多机会向孩子展示正确的信息。举例来说：如何避开危险——不要触摸烫的杯子，会很疼；如何拿到所需的物品——只要打开冰箱就能拿到食物，只要打开玩具箱就能得到玩具等。

然而，当孩子熟知旧信息后，想要获取孩子下一阶段的信任，就需要照料者提供新的确切信息。例如：老人在照顾孩子生活起居方面还行，但难以识别英语单词，孩子就会找懂英语的父母，在英语方面更愿意相信父母所提供的信息。

父母如果图省事，随口敷衍孩子说："这家商店没有布娃娃卖"，但当孩子发现父母提供的信息是错的，这家商店其实有布娃娃卖时，下一次就会不再相信父母所说的类似内容，而会坚持要求自己去看一看。

这也是为什么有的父母或者老人会感慨，自己对孩子付出了这么多，孩子却不亲自己。因为这些老人或父母所提供的信息逐渐被孩子识别出错误，于是孩子更愿意亲近和信任能为自己提供准确信息的人。

作为父母，要想建立并保持与孩子之间的信任，要做的其实很简单，包括：

说正确的话：如实地和孩子沟通，为什么允许或不允许他做一些事，而不是夸大或轻视危险。

做正确的事：答应孩子的事就要做到，承诺给孩子的就要给他。同时也要坚持自己的立场，不因一时心软就让孩子挑战底线。

承认自己也有不足：自己不知道的事，可以告诉孩子需要共同学习，需要去查一下相关资料，和孩子共同学习、成长。

　　和孩子建立起良好的信任关系，才能在互信的基础上更顺畅地沟通。

工具 10：家庭会议

有效且重要的家庭会议

家庭会议是一项分享有用信息的沟通工具，它可以：

1. 建立家人间的情感联结。

家庭会议不仅对建立亲子联结很重要，也可以帮助减少家庭成员之间的愤怒和怨怼情绪。作为一种定期举行的结构化讨论，家庭会议可以让成员们共同讨论假期计划，规则和限制，重大事件等问题。

通常来说，夫妻之间的争执可以分为三种不同的类型：

第一种类型是一方拥有更多的权利，可能在身体和经济上孤立对方，或者造成精神、情感伤害，或者伤害家庭中的儿童或宠物。当一方试图恐吓、伤害、操纵另一方时，家庭暴力就出现了。

第二种类型是双方拥有相对平等的权利，即使在发生争执期间，也会感到身体和情感上的安全。但其中一方或者两人在激烈争执时仍会互相推撞，或者将自己的情绪诉诸暴力。

第三种类型是双方拥有相对平等的权利，夫妻之间可能不会大喊大叫，虽然会有相互的批评和建议，但沟通的方式是非暴力的，双方在争执期间也能感到身心安全。

通过定期举行的家庭会议，各家庭成员都可以在安全的时间、地点、稳定的情绪下认识到家庭中正在发生的事情，共同制订规则，公平地分配家务并解决冲突，从而促进亲子和夫妻之间的和谐关系。

2. 适时地调整规则和自由。

随着孩子自我意识的不断增强，他们会向往更多的主导权和控制权，也会质疑过去的规则。比如，当1岁的孩子想要买一辆小汽车时，你告诉他家里已经有了小汽车，所以不需要再买了，他也许会欣然接受；但3岁的孩子可能会说出这个新玩具与众不同的地方，并坚持再买一辆。

即使我们使用了积极暂停，让孩子的情绪平复下来，但他内心对于小汽车的渴望和诉求却没有得到满足。反复多次后，他会认为即使尝试跟父母沟通来解决问题，也是无效的，从而将解决问题的方案转向别处。

此时，在家庭会议上共同讨论最近所面临的问题，正好能解决这一问题。家庭成员可以讨论已有的规则，并共同制订新的规则。例如，孩子如果通过各种良好的表现攒够了一定数量的小红花，就可以用来换成一件新玩具，并在家庭会议上讨论哪些是孩子近期需要养成的行为习惯。

这样一来，家庭沟通就不再是父母的一言堂，孩子也有了更清晰的目标，而不仅仅是做到父母口中含糊不清的表现好，从而更加有动力。

随着孩子的成长，对家庭既有规则的修订几乎是必须的，而通过家庭会议这样的形式，可以更好地从符合实际的角度讨论问题、分析问题，并提出解决方案或者明确拒绝的原因。

3. 在积极情绪下解决问题。

感觉好，才能做得好，这对于每个人无疑都很重要。在平静和积极的讨论氛围中，大家更容易彼此理解，尊重和寻求共同的解决方案，而不是陷入权力之争的旋涡之中。

需要注意的是，如果你的家庭还没有养成定期举行家庭会议的习惯，可以尝试在夫妻之间先举行这样的家庭会议。通过流程化的方式来探讨遇到的问题，可能的解决方案，每种方案的优缺点，并就最佳解决方案达成共识。接下来，再邀请孩子共同参与其中。

2岁以上的孩子就可以参与到家庭会议中了，但一开始家庭会议的时间应该控制到10 ~ 20分钟之间，避免孩子难以集中注意力甚至扰乱会议议程。

如何召开家庭会议

以下是典型的家庭会议流程：

1. 议程介绍。

在这个环节，我们可以提出今天即将讨论的话题，并鼓励孩子用画图等方式将问题记录下来。对于2 ~ 6岁的孩子来说，一开始可以尝试10分钟左右的家庭会议，等大家都习惯后再逐渐拉长到20 ~ 30分钟。

一开始，我们可以只列出一个议程，例如，以"能不能吃糖，一次该吃多少"作为议题，或者选择更加平淡无奇的"周日假期该如何安排"等议题。

我们甚至可以将家庭会议提前，例如，提前一周就将议程表用磁铁贴在冰箱上，在这一周中，孩子遇到任何问题都可以通过画图等方式记下来，留待家庭会议再讨论。

当我们确认了本周即将探讨的话题后，就可以继续下一环节了。

2. 鼓励和肯定。

接下来，就是让大家"都感觉好"的互赞环节。

家庭成员坐到一起，选择一位成员感谢他在过去一周内对自己所做的一件事。例如"感谢爸爸在结婚纪念日当天送了妈妈一条漂亮的围巾""感谢孩子周三晚上帮我找到了眼镜""感谢孩子周日的时候愿意自己独立玩20分钟，好让爸爸完成加班的工作"等。哪怕仅仅是一个细节的感谢，也会让对方留意到你的用心。

作为父母，我们在参与家庭会议时，要尽量让所有人都得到肯定和鼓励。一开始，我们可能很难将鼓励或肯定的话说出口，甚至还会有些难为情。但不要紧，只要多加练习，每个人都可以做得很好。当然，我也建议大家将日常的感激记录下来，这样家庭会议上就有了素材。

3. 头脑风暴。

首先，从议程中选择一个话题，并进行头脑风暴。在这一阶段，任何提议都可以被记录在纸上，甚至父母可以有意识地提出一些看似荒谬的建议。

当有人抱怨这样的建议不切实际时，我们可以提醒他们——在这一阶段，任何想法都是可以被提出的，我们现在要做的只是将这些想法都写下来，下一步再选择适合所有人的方案。我们可以利用定时器或沙漏等方式来控制时间，并且鼓励家庭成员想出越来越多的主意，但注意不要偏题。

其次，筛选合理的建议。在这一阶段，可以删除不切实际的、互相之间缺乏尊重或没有帮助的选项，然后再从剩下的选项中选择每个人都同意的解决方案。如果这周找不到大家都同意的解决方案，那就将这一话题搁置一下，留待下周再继续讨论。

4. 欢乐时光。

当我们结束家庭会议后，最好能安排一项全员参与的娱乐活动，例如，一起看一场电影等。这能够帮助家庭成员平复之前激烈讨论时的心情，并创造出全家共同的欢乐时光和回忆。

研究发现，4～12岁的孩子会很喜欢这样的家庭会议，然而，当他们进入青春期以后也许会发出抱怨，认为这一行为很愚蠢。这时，我们可以将家庭会议的时间再度缩短到10～15分钟。

注意事项：

不要指望一次家庭会议就能解决所有的问题。虽然我们将家庭会议定义为亲子沟通的工具，但未必每次都能达成效果。然而，只要家人能聚在一起聊天，每个人都会感觉更好。

除了鼓励和肯定以外，我们也可以谈论这周内发生的好事，并鼓励孩子们分享他们遇到的趣事。这种亲子时光本身就会成为家庭成员的美好回忆，并且给予孩子足够的积极关注。

事实上，家庭会议固定的形式，可以帮助成员达成有效沟通，让大家专注于解决方案而非问题，拥有共同陪伴的特别时光。相较于完美的家庭会议，我们所追求的其实是家庭成员的和谐相处和共同进步。

专制型的父母可能也会召开家庭会议，但在这样的会议上，仍旧是领导式的发言，父母会不断地向孩子解释规则，以及告诉他们为什么不可以。当父母试图控制孩子时，家庭会议就会流于形式，无法成为有效的沟通工具了。

在家庭会议上，孩子也许会质疑父母的决定，这也许会令一些父母感到不适，但如果能在此时解释清楚规则和原因，便可以有效地防止孩子不与我们沟通或一意孤行地追求错误目的。

如果是和老人在一起生活，那么应尽量鼓励他们也参与家庭会议。住在一起的成员都是家庭的一部分，即使一开始他们保持沉默，也可以用一些温和的提问来帮助他们融入，例如，以"这周你觉得孩子表现好的地方在哪里"的问题鼓励他们开口。

超级沟通术

与不同年龄段孩子的

画出孩子的性格气质图

你真的了解自己的孩子吗？

很多人喜欢以别人家的孩子为榜样，并以之要求自家的孩子。这样的做法，其实是在简单粗暴地否定自己的孩子。

要知道，世界上没有完全相同的两片叶子，又怎么可能会有相同的两个孩子呢？正因为每个孩子都是独一无二的，所以我们必须了解孩子与生俱来的特点，才能知道他为什么发脾气，也才能对症下药，帮助他们管理自己的情绪。

下面，我想请各位回答6个关于自家孩子的问题，以便更好地了解自己的孩子：

问题一：你家孩子是否总是精力充沛？

例如，他是否每天都有用不完的精力？一直蹦蹦跳跳、打打闹闹，还是说，他看起来总是一副安静又内向的样子，相较于激烈的户外运动，他更喜欢安静地玩玩具或者看书？

精力充沛的孩子，需要以安全的方式尽力释放自己的能量。家长可以带孩子去操场、公园或者其他安全的场所，让他尽情地跑、跳、喊叫，或者给他一些瓶瓶罐罐以及适当的玩具，让他可以尽情地挥舞、玩耍。

我家小萌就是这类型的孩子，所以我喜欢带他去树丛里捡树枝，并将树枝当作武器拼命挥舞。当他们释放了精力以后，更容易安静地坐下来，用头脑去思考问题，而不是拼命给你捣乱，或者一感到不满意就大哭大闹、大吵大叫。

与此相反的是，精力不怎么旺盛的孩子很容易就会感到疲倦，所以在安排活动时尽量选择一些能让他们安静玩耍的活动，比如阅读、画画、拼图，堆积木，等等。不过，随着年纪增长，家长也可以逐渐帮助他去进行一些需要更多体力的活动——切记循序渐进。如果消耗了过多的体力，让他们感到疲惫，这时他们会很容易发脾气。

问题二：你家孩子更喜欢哪种：变动，还是稳定？

孩子见到新奇的东西是否会兴高采烈，甚至会迫不及待地开始玩耍？还是会在家长的帮助下才能够逐渐接受新的改变？或者你的孩子一点儿都不喜欢变化，如果和他们约定好的事情发生了改变，他们会立刻哭出来，甚至在见到新的事物时，他们会立刻变得拘谨或不安。

对于喜欢改变的孩子来说，他们非常愿意接受新的事物，以及不断尝试新的事物。他们这样的探索行为很容易引发危险，容易让家长觉得不适，但这就是他们的特点，来到新的环境，将新的事物探索清楚，这会让他们有安全感。

如果硬性要求他们安静地待着，他们可能会发脾气，或者管不住自己而动来动去，导致家长发脾气。这时，家长需要做的不是阻止他的探索，而是帮助他学会一点点地集中注意力。例如，每次都比上次花更多的时间去做同一件事情。

对于不喜欢改变的孩子来说，他们喜欢遵循同样的规则和生活节奏。一旦他们所熟悉的人和事被临时改变了，他们就会很容易感到沮丧和发脾气。

例如，时间紧急，家长可能直接给他们穿衣服，不像平时他们可以自己选择衣服——在我们看来，穿什么样的衣服其实是无所谓的事情，但对于他们来说，这与平时的生活日常流程是不同的。这时，家长需要做的是提前告诉他可能会有怎样的改变，并且与他协商好，如果事情有改变，可以给他一些补偿。

平时，家长也要鼓励孩子去尝试新的事情。但是，切记，不要强迫他立刻改变，但是可以用温和的方式，多鼓励他探索新的事物。

问题三：你家孩子是否喜欢与人互动？

有的孩子喜欢和其他孩子一起玩，喜欢集体类的游戏；有的孩子则喜欢自己一个人玩。喜欢与人一起玩的孩子，通常对他人较为友好，他可能会和陌生人主动接触聊天，这时，如果你禁止孩子去找新朋友玩耍，他很有可能会立刻大哭大闹。所以，你需要陪着他去和陌生人对话，并密切看护他，以防他受到伤害。

喜欢自己一个人玩的孩子，看起来会显得内向一些，但是，一旦他们了解了对方以后，也会对这些人开口说话。如果你强迫他和别人打招呼、说话，会令他感到不舒服，甚至发脾气。如果你的孩子属于这种类型，那么在带他去见新朋友之前，记得要告诉他接下来即将见到的新朋友的特点，并且积极帮助他学会和其他人一起交流、玩耍。

问题四：你的孩子绝大多数情况下情绪如何？

他每天都是开开心心的，还是常常看起来不高兴，甚至难过。

每天看起来都笑嘻嘻的孩子，他们的性格普遍比较乐观，这些孩子很容易去做自己想做的事情，并且会享受生活本身。这样的孩子也比较容易成为大家所谓的"别人家的孩子"。

但，家长要记住，这些孩子不高兴时，未必会立刻表现出来，接下来就会跟你捣乱，所以家长需要密切关注这些孩子的情绪变化，及时地帮孩子疏导或者解决问题。

看起来总是不太开心的孩子，可能天生比较敏感，比较容易被环境和情绪所影响，因而看起来常常觉得不开心。那么，家长需要尽可能地帮助他看到事物美好的一面，提醒他有哪些事情是快乐的，哪怕仅仅是一些很小的事情——如今天的玉米很甜、很好吃，今天你学到的新知识很有用，等等。

问题五：你的孩子是否很有主见？

有的孩子会有非常强烈的意愿——喜欢指挥别人；而有一些孩子则非常温和，更喜欢服从安排。当然，绝大多数孩子并没有特别的表现，或仅仅是有一定的自我意识。

给那些有主见的孩子更多的时间，让他们自己去指挥，或者做决定。当他们无法控制事件的发展时——极容易受挫，进而发脾气，但越是这样，家长越不能直接满足他们以发脾气所换来的控制权。相反，这时候家长可以给他们一些选择让他们的控制权被限制在一定的范围内，同时也要帮助他们学会与人合作。

性格温顺的孩子，看起来像是别人家的孩子，因为他们总是看起来非常温和、听话，大多数时候就像是天使宝宝。这时，家长要做的是，帮助他们变得更坚强一些。比如，如果有人拿走了他的玩具，家长应该教他如何将玩具要回来，并鼓励他这么做。

问题六：你家孩子喜欢守规矩还是搞破坏？

他喜欢整整齐齐、干干净净，还是看起来总是一团糟？

喜欢整洁的孩子，规则感可能会很强，一旦以往的规则被破坏了，他们就容易心生烦躁。因此，家长需要引导他们不要总是绷紧神经，而要学会放松和享受生活。例如，他真的不需要时刻把东西放回原位，或者保持屋子一尘不染。

看起来一团糟的孩子，则需要家长帮助他们变得更有规则感。例如，教会他们玩耍之后自己收纳玩具；或者将脱掉以后随地乱扔的衣服叠放好。这样的孩子或许无法达到家长的要求，但家长可以用游戏的方式和他们一起边玩耍边收拾。

回答完上面的6个问题之后，相信各位也已经意识到，孩子本身的性格并没有优劣之分。

有的孩子有主见，想要一切的控制权，总是会和家长对着干，看起来很难带；有的孩子看起来则相当温顺、听话。

但是，那些与你对着干的孩子将来更有可能成为领导的角色，甚至在事业上颇有建树；相反，那些看起来听话的乖孩子，他们则更喜欢钻研难题。

最后，让我们再度通过回顾本章的6个问题来更透彻地了解自己的孩子：

（1）孩子在太累，或者精神太差的时候，都容易情绪高涨，从而发脾气。因此，精力旺盛的孩子需要选择适当的方式来消耗他们的体力，容易疲倦的孩子则需要节省体力。

（2）喜欢新奇事物的孩子容易感到无聊，比较安分的孩子更加害怕改变。因此，我们需要给喜欢新奇的孩子创造机会，让他们探索和尝试，而不是要求他们安静地待着；

相反，对那些喜欢旧有规则的孩子，我们可以尽量保持不变的日常流程，同时鼓励他们进行适当的探索。

（3）喜欢与人交往的孩子，不要去阻止他和朋友一起玩；喜欢独处的孩子，不要强迫他和别人打招呼、说话。

（4）外向、乐观的孩子，在生气时通常不会直接表现出来，所以需要家长留心观察，及时解决他所遇到的问题；内向、敏感的孩子，总是一副不开心的样子，所以需要家长多鼓励他，多给他一些正能量。

（5）有主见的孩子，在被指使和强迫的时候容易发脾气；比较顺从的孩子，则容易在受欺负以后变得软弱，生闷气。

（6）规则感强的孩子，在遇到秩序混乱时容易发脾气；喜欢混乱的孩子，则容易把东西搞得一团糟，导致家长发脾气。

四大养育类型，你属于哪一种？

"为什么我没写作业，爸爸就要打我；但是隔壁家的小杰没写作业，他爸爸还帮他一起写？"这就是不同家长的养育方式。

父母的养育方式是教养观念、教养行为及其对儿童的情感的综合表现。早在19世纪末，著名心理学家弗洛伊德就注意到了不同的养育方式对孩子的影响。他对父母的角色做了简单的划分：父亲负责提供规则和纪律，母亲负责提供爱与温暖。

后来，学者们进一步发展了弗洛伊德的家庭分工理论，认为母亲善于表达，情绪比较敏感，适于处理与孩子间的各种关系；而男性在与孩子相处时指导性强，更适于制订规则。

20世纪60年代，心理学家戴安娜·鲍姆林德（Diana Baumrind）注意到：学龄前的儿童会表现出截然不同的行为，而每种行为都与特定的育儿方式高度相关。因此，她认为，养育方式与孩子的行为之间存在密切的关系，从而导致孩子生活中表现有所不同。

1983年，麦可比（Maccoby）和马丁（Martin）使用二维框架扩展了这种养育风格模型。

专制型的父母

专制型的父母，对孩子的行为和言语有绝对的权威。在这样的家庭中，父母通常接近于独裁者或总经理的角色，而孩子则完全没有发言权，也不能发表自己的意见。

专制型父母经常说：

"我不要你觉得，我要我觉得。"

"我已经说了，不要再讨论了。"

这种养育方式的目标是教导孩子服从和听话，其效果在于孩子年龄越小越管用。

研究发现，专制型养育存在着许多问题。一方面，如果孩子什么都听家长的，那么长大成人以后，可能会缺乏自主思考性，以及在解决问题时缺乏信心和勇气；另一方面，如果孩子意识到父母在不断限制自己，那么他们从青春期开始就可能会有严重的叛逆心理，并有意和父母对抗。

放纵型的父母

与专制型相对的是放纵型的养育方式，在放纵型的家庭中，父母不完全是家庭的领导者，孩子与父母同样有发言权。

放纵型父母会经常说：

"好的，既然你想要这么多，那么我就把这些都给你。"

"我帮你来一起写作业吧。"

"你只要别哭，我就把东西给你。"

即使他并没有真的说出这些话，但是他们的行为举止也在传达着同样的信息。

放纵型的父母也许会用自己的奉献，或者不停地为孩子购买礼物来维持和孩子之间的亲密关系。他们会给孩子糖果或者其他零食以避免他们发脾气。当孩子提出任何要求以后，父母都会将孩子的需求置于自己之前，而将自己的需求放在最后，所有的这些动作都传达出同一个信息——父母只是孩子的垫脚石，踏在父母的肩上，孩子就能站得更高。

放纵型的父母会努力确保孩子永远不失望、不安、沮丧、生气或悲伤。然而，要求孩子一直处于完美或快乐的状态中，几乎是一项无法完成的任务，并且对孩子的长期成长没有任何好处。设想一下，未来，当父母不在身边时，孩子将如何直面障碍或困难呢？

权威型的父母

第三类是权威型养育方式，它处于放纵型养育和专制型养育之间。权威型父母倾向于支持和帮助孩子，善于听取孩子的意见，但同时他们也没有忘记到底谁是父母，谁是孩子。

权威型父母会经常说：

"让我们轮流说自己的想法，然后我们一起来做出最有效的决定。"

"我知道你现在不想离开公园，但是我们必须回家才能开始晚餐，所以我们要离开。"

"虽然你的同学这样做了，但他们的做法并不安全。我知道你现在很失望，但出于安全的考虑，你不能这样做。"

权威型父母不会无缘无故地拒绝孩子的请求，而是会先倾听孩子的观点，但最后的决定权仍然在他们手里。孩子会明白，作为家中的成年人，父母挑起了生活的担子，并对家庭中的每个人负责。

权威型的父母也会遇到很多挑战，尤其是孩子处于青春期时。当孩子进入叛逆的青春期时，他们更倾向于向朋友诉说自己的真实想法。然而，即便孩子有很多朋友，但我们仍是他们唯一的父母。

忽略型的父母

第四类则是忽略型的父母，他们几乎不参与育儿过程，对孩子的要求很低，同时对孩子的响应程度也很低。

忽略型的父母会经常说：

"随他去吧，反正我也管不了那么多。"

"太累了，我连自己都照顾不过来，哪还有精力照顾他。我们小时候父母也不管，不也一样长大成人了吗？"

忽略型的父母既不会为孩子设定严格的界限和标准，通常对孩子的需求也会漠不关心，不参与他们的生活。

在这种养育方式下成长起来的孩子往往比较冲动，无法很好地调节自我情绪，通常会存在一定的心理问题，在类似犯罪和成瘾问题上也较为严重。

你是哪种类型父母？

如果你不确定自己属于哪种养育风格的父母，那么可以试着问自己以下问题：

（1）孩子们需要纪律训练，这样做可能会带来伤害，但能让他们记住教训。

（2）亲子关系就像是一场战争，如果父母获胜了，双方都会获胜；如果父母输了，双方都会输。

（3）如果父母能够提供一个良好的环境，孩子将能自己变得更好。

（4）童年很短暂，父母应该尽一切努力让孩子拥有一个快乐的童年。

（5）孩子想要一颗糖，就给他两颗；第一颗是满足他的需求，第二颗是父母的爱。

（6）孩子需要学习，但不管他们是否能学会，我们都不能对他们施以惩罚。

（7）无论父母是否愿意，孩子对自己未来选择要做的事拥有最终的决定权。

（8）父母需要让孩子们自由活动，因为他们将从行为的结果中积累经验。

（9）孩子必须认识到，父母才拥有家庭事务的最高决定权。

（10）孩子只要听话就好了，没必要和他们沟通太多。

（11）如果我们希望得到孩子的尊重，我们就必须先尊重他们。

（12）如果你真正的爱孩子，那就永远不要为他做过多安排。

（13）为了让孩子早上能顺利起床，我不得不多次催促他。

（14）我必须不停盯着孩子，他才会完成作业。

（15）当孩子出现不良行为时，他通常知道这样做的后果是什么。

（16）我经常生孩子的气，对他大吼大叫。

（17）我常常觉得孩子在利用我们的天性和弱点来对付我。

（18）家中事务由我们共同探讨，每个人都参与其中。

（19）我会不时地打骂孩子，例如，至少每个月一次。

（20）我通常会给孩子清晰而明确的指令，告诉他应该如何做好某件事。

（21）孩子很挑食，所以我经常尝试各种食物组合，确保他获取均衡的营养。

（22）我通常会给孩子一些选择，而不是告诉他应该怎么做。

（23）我每周至少有一次会威胁要惩罚孩子。

（24）我常常希望孩子不要频繁地打断我的谈话和工作。

这些问题通常能够帮助我们看清楚自己到底是什么类型的父母。

如果你依然对自己的养育风格感到很困惑，那你可以尝试询问自己以下四个问题：

（1）当你提出要带孩子去别人家里玩的时候，对方往往会拒绝，还是开心的邀请你们？

（2）孩子的老师或教练是否认为孩子在与人合作方面有一些困难？

（3）孩子在学校或日托班时，是否经常自己一个人玩或有所困扰？

（4）孩子在做决定和解决问题等方面，通常是比较轻松还是比较困难？

父母的养育方式，会同时影响孩子的智力因素和非智力因素。研究认为，说服、鼓励、宽容等教育方式有利于孩子的认知发展；相反，惩罚、专制或过度保护、羞辱、拒绝、包办、溺爱、忽略等方式可能会造成孩子的退缩、急躁、任性等问题。

东西方的养育方式存在差异，但也有相一致的地方，例如，传统的严父慈母或慈父严母的养育方式在中国更为常见。很多家庭倾向于一个唱白脸，一个唱黑脸，让孩子在这种混合的养育环境中获得平衡。然而，在这样的养育联盟中——父母双方分别持专制型和纵容型的养育观念—会让孩子自动获得权威性的养育吗？

——答案是否定的。

当父母的养育观念不一致时，孩子会天然地利用这一点，并向有利于自己的一方靠近。例如，孩子想出门钓鱼时，过度保护的妈妈可能不会答应，但主张让孩子自由探索的爸爸也许会同意；当孩子不想出门钓鱼时，妈妈可能感到很高兴，但爸爸对于孩子宅在家里的行为可能感到恼火。

孩子可能会利用父母观念的冲突每每达成所愿——但实际上，他并未听取任何一方的观点。

共同养育提倡的是父母乃至整个家庭的养育一致性。换言之，那些在养育孩子时，能在道德观、期望和纪律、儿童的情感需要、教育的标准等方面达成一致的父母，其子女所表现出来的行为问题则更少。

为什么提倡权威型养育方式？

尽管权威型养育听起来很严厉，但事实并非如此。这些父母为孩子的行为设定了明确的边界，同时又对他们的需求予以了积极的回应。更重要的是，多项独立的交叉研究显示，权威型养育的孩子更加自信和积极，出现的行为问题也较少。

由此，儿童教育专家认为：

温暖、积极回应的养育可以促进亲子之间的安全依恋关系，并保护孩子免受家庭内部问题的困扰；

权威型养育的子女比专制型养育的子女参与吸毒、酗酒、青少年犯罪或其他反社会行为的可能性更小；

父母与孩子谈论感受、想法时，可能会加强依恋关系，并使孩子产生更高的共情和同理心；

避免谴责孩子的智力错误，也避免表达对孩子很失望的父母，会让孩子拥有更好的学习和解决问题的能力；

鼓励孩子的独立性与自主性，有助于改善孩子的情绪健康；

在纪律方面设定了严格的边界，有助于防止侵害，并减少学龄前儿童的社交问题；

能热情响应孩子的父母，对孩子来说更有帮助，更友善，也更受欢迎。

养育方式的背后

养育方式还能折射出父母本人的性格特点。在正面管教的课程中，很重要的一部分内容就是了解自己的人格特征，换言之，也就是自己在养育方面的边界所在。

始终追求优秀的"狮子型父母"，可能会对孩子同样严格，要求孩子也力争优秀；但当孩子挑战自己权威的时候，狮子型的父母就容易和孩子对抗。

追求控制感的"老鹰型父母"，可能会事无巨细地照顾孩子，并对他们的每一步都做出安排；但当事情失控时，老鹰型的父母也容易和孩子对抗。

追求安逸享乐的"海龟型父母"，可能会希望孩子能无拘无束地成长，他会陪孩子一起玩；但当孩子需要他付出更多时，海龟型的父母可能会因为怕麻烦而拒绝孩子。

总是在取悦人的"变色龙型父母"，可能会一直答应并难以拒绝孩子和其他家庭成员的需求；但当他们终于不堪重负时，变色龙型的父母可能会心力交瘁。

你可能已经发现了，在这一节内容里我用不同的维度，区分出了四种不同养育类型的父母——他们的行事风格不仅应用于养育方面，也影响了他们自我认知、工作、社交等方方面面。如果说专制型、放纵型的养育方式是贬义的，那么这种对父母人格的探寻已经脱离了简单的好或者坏，而是提出：父母的性格本身并无好坏，但当它折射到养育方式时，需要注意扬长避短。

亲肤育儿，与0～1岁宝宝的亲子沟通

1岁以下的婴儿是名副其实的宝宝。

在这一阶段，他们可能还不太会说话，所以，在语言层面，哭闹是他们最常见的表达方式；但只要留心他们的非语言层面的肢体动作、手部动作、身体姿态、面部表情，再配合他们发出咿呀学语的声音，便可以与他们建立最初的亲子沟通了。

与婴儿一起聊天、游戏和玩耍，不仅能建立最初的亲子联结，还对他们的成长有诸多好处。

0～1岁婴儿的特点

对刚出生的宝宝来说，一切都是全新的。在这一年内，他们需要学会如何聚焦自己的视线，伸出双手探索并了解周围的事物。

这一阶段的亲子沟通，主要是我们向孩子输出语言和非语言层面的信息。作为社会情感发展的一部分，孩子会通过其咿咿呀呀的声音和父母以及他人建立起情感与信任的纽带。

对0～1岁的孩子来说，最好的亲子沟通方式就是陪伴——父母的拥抱以及和宝宝嬉戏的方式，都将为后期的亲子互动及社交互动奠定坚实的基础。

作为父母，可以通过以下的沟通方式来和宝宝沟通：

与孩子对话

0～3个月阶段，在离孩子视线15～20厘米左右的位置和他们说话，此后该距离可以逐渐拉长到30厘米左右——这样的距离符合了婴儿的视力水平，能让他们清晰地看到父母脸部的表情。

如果有可能，尽量多和孩子说话。一方面，孩子的哭闹仅仅是希望获得陪伴，父母舒缓的声音会让他平静下来；另一方面，这些语言素材会促进宝宝的语言及认知发展。尽管现在宝宝还无法通过准确的语言和我们对话，但是他们已经在尝试各种积极的回馈，包括挥动上肢甚至手舞足蹈地回应我们的话语。

因此，在和他们对话的时候，一定要留出足够的时间，停下来，等他们以各种方式——例如，眨眼，微笑，挥手发出"咿咿呀呀"的声音等方式——回复后，再开始新的对话。

所有的妈妈天然就会"妈妈语"——也就是高扬声调、放慢语速、拉长发音、使用叠词的对话方式，比如："妈-妈-爱-宝-宝-""宝-宝-吃-饭-饭-"等。

有人曾有过使用妈妈语是否会阻碍孩子学习语言的疑虑。然而，研究发现，叠词及妈妈语的使用实际上能在婴儿学话的早期，很好地帮助他们理解和习得语言。但当婴儿能够说出5个左右的叠词后，就需要慢慢地将这种妈妈语转化成正常的语言来和孩子沟通了。

当然，父母也可以为孩子提供尽可能多的语言素材，比如，和他们一起唱儿歌，以及通过读一些简单的绘本和图画等，让他们积累语言素材。

这一阶段的宝宝还不太能够听懂父母的话，当他们开始移动和触摸危险的东西时，父母可以试着用玩具来分散他们的注意力，并将其转移到安全的区域——毕竟，对1岁以下的孩子来说，单纯的惩罚并不能让他意识到到底发生了什么，或者自己做错了什么。

孩子哭闹意味着什么

新手父母最头疼的问题是听不懂宝宝的哭声，因此无法展开沟通。宝宝哭闹通常是表达自己基本的生理需求，各位可以对照下列内容逐一检查：

生理原因：

饥饿或者口渴、疲倦、胀气、肠痉挛（身体会拱成弓形，普遍发生在2周~4个月时，会经常发作，且难以安抚；西尔斯医生认为肠痉挛的诱因可能是胃食管反流）、吐奶、出牙期疼痛（通常会发现宝宝牙龈肿胀，流很多口水）、疼痛（例如，尿布疹、头发或线头缠住了手指脚趾、衣服材质不舒服）、疾病、重大发育变化等。

心理原因：

不想做某件事（例如洗澡或者脱衣服）、想获得安抚（例如抱抱、轻拍或者轻柔地对话）、不知所措（例如进入新的环境）、感觉无聊（例如大人在互相交谈，忽略了和宝宝的交流）等。

环境原因：

过度刺激（例如嘈杂的环境）、太热或者太冷（提醒：把浅睡眠的宝宝放在冷的尿布上，常常是爸妈容易忽略的宝宝一放下就哭的原因之一）、尿布湿了或者脏了、家庭出现问题（例如爸妈激烈争吵）等。

是不是被上面长长的清单吓坏了？不要紧，开始时你和宝宝还在彼此熟悉的阶段，需要检查的内容比较多，一旦你们彼此熟悉了，通常你的直觉（尤其是妈妈的直觉）就能听出来宝宝究竟是哪里不舒服。

其实，听声音只是其中一方面，更需要结合宝宝的身体动作来判断，例如：

饥饿：啃手、皱眉、往嘴里放东西、哭喊。

疲倦：揉眼睛、烦躁、握拳、打哈欠、哭喊（扯耳朵也可能是疲倦了，但要一直扯和拍打耳朵可能是宝宝有耳部感染）。

过度刺激：转过脸去、哭喊或急躁、眼神呆滞、抓手或身体或安抚自己、眼神呆滞、脚蹬手摇、表情痛苦、打嗝（小萌笑得太开心时也会打嗝）、伸舌头。

在这里，我想向大家介绍一些从大量经验中总结出来邓斯坦宝宝语言，这种语言不分种族和文化背景，是宝宝在咿呀学语之前能表达的需求，大家也可以尝试一下：

Neh（"呐"，类似"nei nei"）：饿了。

Owh（"哦""诶哦"）：累了。

Heh（"嗨"）：身体不舒服。

Eairh（"哎哦""哎哎""哎啊"）：身体有气向下（胀气，想放屁）。

Eh（"呃""嗯–呃"）：身体有气向上（想打嗝）。

亲肤育儿：拥抱、抚触和互动

亲子沟通早在宝宝能开口说话前便开始了，而这种沟通的基础是父母和宝宝之间的安全感和信任感。

1958年，心理学家哈洛用基因最接近人类的恒河猴进行了一系列实验。他将刚出生的小猴子放在笼子里，发现即使为它们提供了足够的营养，它们也没有一只能活过5天。

于是，哈洛在笼子里放进了两位"妈妈"，一位是用绒布包裹了的恒温物体，靠近时会让小猴子感到温暖、柔软，且不会发脾气，但不为小猴子提供食物；另一位则是裸露着恒温的金属丝网，同时为小猴子们提供食物。

在接下来的连续165天中，小猴子们虽然会去金属丝网妈妈那里获得食物，但更愿意依偎在绒布妈妈身上。当它们受到惊吓时，不会慌乱逃窜，而是冲过去紧紧抱住绒布妈妈，并慢慢平静下来。

哈洛认为，母爱的本质之一——在于亲子肌肤接触时，妈妈通过自身的提问、触摸和接纳给予宝宝的安全感。

作为人体最大的器官，皮肤不仅是宝宝身体的第一道屏障，也能让宝宝获得触觉等感官发育。1940年，瑞布罗（Aargar Ribblo）医生在临床中发现，如果婴儿在出生后数周内常得到母亲的抚摸，能够促进其呼吸及循环功能的发育。此后，国外开展了一系列针对新生儿抚触的研究，美国迈阿密大学还成立了世界上第一个抚触科研中心。

国内的研究也得到了同样的结论。北京儿童医院儿童保健中心、北京大学医学部第一医院保健科和中华儿科学会的合作研究发现，持续抚触的宝宝，在6个月时，智力和运动发育指数、睡眠状况及体重增长明显好于对照组；在18个月时，智力及睡眠好于对照组。由此可见，抚触能够促进宝宝体重增长，改善他们的睡眠状况，还能促进宝宝的智能发育。

近年来，国际上风靡的袋鼠式护理，其实就是通过父母和宝宝皮肤贴皮肤，而对宝宝进行的一种特殊护理——父母可以利用背巾把宝宝抱在胸前，和爸妈皮肤相贴；也可以靠坐或躺在椅子或床上，让宝宝赤裸地依偎在爸妈的胸前，然后用暖和的毛巾盖住宝宝。

研究发现，妈妈和宝宝之间高质量、长时间的皮肤接触，能够促进宝宝的大脑分泌出更多的后叶催产素，这种化学物质不仅能加深接触双方的依赖和信任，还有一连串的好处，包括稳定宝宝的心率，调整妈妈和宝宝的呼吸，增加宝宝的血液供氧，促进宝宝的体重增长，增加宝宝深度睡眠时间，等等。

正如哈洛关于恒河猴的实验所揭示的，妈妈所能给予宝宝的安全感，就像是内心的一罐金子，不仅能在宝宝成年后相伴左右，还能在他失落和沮丧时给予他再次站起的力量。要建立这样的安全感，宝宝3岁之前的亲子互动和亲密关系的建立是非常重要的。

妈妈多以触摸、运动和玩耍等形式与宝宝亲密互动，这就是我们所提倡的亲肤育儿的理念。这种育儿方式能帮助父母和宝宝之间建立起最初的亲密关系，让宝宝拥有安全感和信任感，未来也更容易沟通。

可选决定，与1～2岁敏感期宝宝的沟通

这一阶段的幼儿是"学生"。

在这一阶段，幼儿会触及很多发展成长的里程碑，例如迈出人生的第一步等技能。对终于可以自由行走的孩子来说，周围的一切，包括日常用品，都是令他们感兴趣的新鲜刺激源和诱惑源。

他们可能处在某个特定的敏感期，例如对秩序有执着等，从而显得非常固执。在沟通时，父母可以尽量采取正面和积极的引导，让他们用本能的学习和模仿，以达成更好的效果。

1～2岁幼儿的特点

1岁以后，幼儿会四处走动，并通过观察周围的环境、人的行为不断学习。幼儿会对一些日常的物品非常感兴趣，同时也渴望与父母等亲密的照料者交流互动。

他们能从图片或镜子中认出自己，并模仿他人的行为，尤其是成年人和带孩子的行为。通过不断学习，他们能够识别熟悉的人和物体的名称，他们能说出简单的短语和句子，遵循简单的说明和指示。

这个阶段的孩子普遍会以自我为中心，将环境中所有的事物和每一个人都视为一个独立的个体存在，但是由于他们的认知体系还没有发育出来，因此他们仅仅会关注自己的感受，而难以察觉到别人的感受，以及自己的做法对他人的影响。

18个月的孩子会享受拥抱，同时也可能会害怕陌生人，他们表现出不同的感觉，能够轻松地从上一秒笑，到下一秒哭。同时，他们会表现出对父母或主要照顾人的强烈依恋，当父母离开时，他们会表现出困惑。

以下是这一阶段幼儿的关键词：自我意识、分离焦虑、依恋和安全感、学习模仿。

如何减缓分离焦虑

分离焦虑，是指孩子在同父母或其他亲密的人分开时所表现出的强烈的情感依恋。

一般的分离焦虑通常出现在宝宝8～10个月左右，在宝宝18个月时达到高峰，之后会逐渐减轻，到宝宝3岁时会基本消失。但在此之后，如果宝宝开始上学，或者有新的家庭成员诞生，则很可能会激发宝宝的另一个分离焦虑的高峰期。

分离焦虑有可能恶化成分离焦虑障碍——这是一种精神疾病。2008年，中国卫生计生委在其发布的《灾后不同人群心理卫生服务技术指导原则》中，甚至有专门针对于灾区儿童分离焦虑障碍的应对指导原则。

宝宝在焦虑什么？

在子宫里，宝宝和妈妈是一体的；在襁褓里，宝宝被紧紧抱在妈妈的怀里，闻着妈妈熟悉的味道，宝宝和妈妈也是密切联系的。但随着宝宝的成长，他逐渐发现自己的世界里除了妈妈之外还多了一些其他的陌生人——这种陌生感让他感到恐惧和惊慌，但因为自己一直以来依靠和信赖的妈妈就在身边，所以宝宝还有安全感，不至于失控。

然而，一旦看不到妈妈了，宝宝便会担心：妈妈去哪儿了？为什么不见了？妈妈还会回来吗？如果能听到妈妈的声音，会让宝宝感觉好一点儿；当妈妈出现时，宝宝会紧紧地抱住妈妈不放，不希望再次经历妈妈不在身边的担心和害怕。

宝宝为什么焦虑？

1.缺乏安全感。

妈妈让宝宝有安全感，所以妈妈的离开会让宝宝缺乏安全感。这不是过于依赖，而是宝宝成长过程中的一种正常而健康的行为。

实际上，这也与人类大脑中的自我保护意识有关。试想，为了存活下来，远古时代的宝宝需要看护人不间断地去应对各类危险，在他们能独立面对世界之前，为宝宝创造可以顺利成长的环境。如果看护人消失了，就意味着遇到危险无法应对的概率增加了。所以，一旦看护人离开，宝宝就会通过哭喊等方式将其唤回身边。

在今天，尽管人类修筑起了安全的房子，调节好了适应的温湿度，并有充足的食物和储备，但根植于人类基因中的习惯，仍然会促使他们呼唤看护人回归。

2.心理准备不足。

在宝宝12 ～ 18个月时，他们已经学会了坐、爬、站甚至是走和跑——在生理上已经准备好离开父母的怀抱，去探索世界了。但是，他们还没有做好充分的心理准备。这也是为什么前一秒他们还兴高采烈地跑在前面，后一秒没有看见妈妈跟上来，就会突然之间哭着找妈妈。

一些常见的误区

将孩子赶出怀抱。例如："你现在已经不需要妈妈了，走吧，别回头看了！"这可能会加剧幼儿的分离焦虑。

过分保护孩子。例如用语言吓唬孩子："别乱跑，会被人拐走的！"这种表达一方面容易让孩子感到畏缩和害怕，不利于他们的冒险精神增长（尤其不利于男孩的成长），另一方面几乎没什么效果。与其吓唬孩子，不如在人多的时候紧紧抓住他的手，而在安全的环境中，则放手让他去探索和奔跑。

强行拉回孩子。一旦孩子鼓起勇气探索世界了，父母应该多加肯定。在外面玩时，觉得时间到了，想强行让孩子回家，只会加深孩子的挫败感，不利于培养他的独立性，进而会加剧孩子的分离焦虑。

过度安慰畏缩的孩子。孩子的尝试往往是前进两步，退后一步的。如果他回到你的怀里，你可以安抚他，但切忌向他灌输"只有在妈妈的身边才是最安全的"的想法，这会阻碍他继续探索陌生的世界。

如何克服分离焦虑？

既然宝宝的焦虑来自安全感的缺乏和心理准备不足，那么，提供安全感就是一剂良药。家长们可以通过以下几种方法来避免该类情况发生：

1. 构建安全依恋。

心理学上有一个经典的陌生情境测试（玛丽·爱因斯沃斯，1973），由妈妈带婴儿进入陌生环境，片刻后妈妈独自离开，由婴儿单独与陌生人相处，片刻后妈妈再返回婴儿身边。实验结果表明，妈妈和宝宝之间有三种基本的亲子关系：

安全型关系。在这种关系中，妈妈对婴儿关心、负责。体验到这种依恋的婴儿知道妈妈的负责和亲切，甚至妈妈不在时也会这样想。安全型婴儿一般比较快乐和自信。

焦虑－矛盾型关系。妈妈在这种关系中对孩子的需要不是特别关心和敏感。婴儿在妈妈离开后会很焦虑，一分离就大哭。别的大人不易让他们安静下来，这些孩子会非常害怕陌生环境。

回避型关系。这种关系中的妈妈对孩子也不很负责。孩子则对妈妈疏远、冷漠。当妈妈离开时孩子不焦虑，母亲回来也不特别高兴。

结果表明，处于安全型关系的宝宝在离开妈妈时表现出的焦虑最少。因此，及时回应宝宝、多关心宝宝，将有利于宝宝的独立，从而减轻分离焦虑。

2. 制订行动计划。

培养宝宝的计划性，是令宝宝能一生受益的习惯。蒙台梭利的重要教育理念之一，就是培养宝宝的秩序性。

对此，很多现代育儿专家有更进一步的阐述。简·纳尔逊在《积极的管教：3岁之前》一书中写道："生活中日程安排的节奏性和重复性，可以帮助小家伙们清晰辨别昼夜。当一个孩子所需要的东西能够得到满足，并且日常生活可以按照预知的方式进行时，他就会感到安全，从而可以学着信任他人和周围的世界。"

我自己在养育两个孩子的过程中，就采取了这种办法，结果非常有效。当我们过年回老家，在走访很多陌生的亲戚前，只要提前告诉小萌，接下来要去哪里，见哪些人，这些人可能会做什么（可能会抱抱你、拉拉你的小手、对你笑），等等，6个月的小萌尽管已经开始认生，却对于我们事先提到的会面全程保持安静和微笑。

也许，孩子就是这样：你不信任他、怀疑他、拿他当孩子，他就越表现得像个不懂事的孩子；你尊重他、信任他、拿他当成人，他就表现得像个懂事的大人。

3. 肯定和鼓励。

不论宝宝是打算离开你的怀抱自己玩一会儿，还是回到你的怀抱里待一会儿，都要积极地肯定和支持他的选择。给宝宝足够的选择权，让他自己决定离开还是留下，并尽量向他阐明这么做可能带来的结果。这有助于培养宝宝的独立人格和责任感。

4. 适应短暂的分别。

与其待在宝宝身边一直劝慰哭闹的他，不如速去速回。这样能让宝宝明白，你只是暂时离开，还会回来的。慢慢地，他会对你的回来有所预期，从而减少害怕失去你的不安全感。

如果只是短暂地离开房间，可以大声地说话，告诉宝宝自己正在做什么，还有多久会回来。这点尤其适用于自己一人带孩子的妈妈（例如我自己）。宝宝听得见妈妈的声音，就会感觉好很多。

5. 创造安全的环境。

如果孩子在探索世界时有过遇险的经历，这会让他更加害怕独立，因此，为孩子创造安全的环境，是非常必要的。

如何应对固执的自我意识

从18个月开始，宝宝便开始逐渐形成自我意识了，他们已经不再是1岁之前什么都听从于爸妈、依赖爸妈的小跟班了，他们不但有了自己的想法和要求，而且急于让爸妈知道自己的需求。

固执的宝宝

有一次校友聚会上，对面的妈妈问自己宝宝想吃榴莲酥还是香芋酥的时候，2岁的小姑娘一脸认真、一字一顿地说："我不要吃榴莲酥。因为榴莲是臭的。很臭。上次你买回来的榴莲，我不爱吃。现在我也不要吃榴莲。"认真的表情让全桌人忍俊不禁。但是，一旦这种认真的劲儿和成人的想法产生冲突后，我们就会沮丧地认为：宝宝真是太固执了！

宝宝从18个月到3岁的时期，对于父母来说是最严峻的考验时期：他们急切地想要独立自主，甚至让成人认为不可理喻地固执，如果达不到他们的期望，他们便会声嘶力竭地让场面失控。而爸妈越是试图控制宝宝，可能让结果越恶化。

有一名妈妈说，2岁的宝宝无论如何也不喜欢在家穿拖鞋，就连上卫生间也不愿意穿拖鞋，只喜欢穿着袜子在家里跑来跑去。因为担心孩子着凉，又觉得不穿鞋去卫生间不卫生，全家上下为此想尽了办法。

但是，无论家里人怎么要求，宝宝就是不愿意穿拖鞋。于是这位妈妈问我，该怎么办才好？我说，你问问他，为什么不喜欢穿拖鞋，是不是不喜欢拖鞋。于是，这位妈妈问宝宝："宝宝，你为什么不喜欢穿拖鞋啊？让妈妈猜猜，你是不是不喜欢这双拖鞋啊？"

"没错，我不喜欢这双粉色的拖鞋，"小男孩说道，"我喜欢另外一双红色的拖鞋，有小汽车的。"

"这样啊，那你可以穿红色的拖鞋，去卫生间也要穿喔！"

"好！"

就这样，问题解决了。在成人看来，在家里穿什么拖鞋无所谓，粉色也好，红色也好，不就是拖鞋吗？但对宝宝而言，通过自己的选择来行事，会对他建立自我意识的过程产生关键性的影响。

宝宝之所以不愿意穿粉色拖鞋，并不是有意和你唱反调，只是想通过这种固执来达到自己想要的结果，这种固执可以帮助他们塑造坚强的意志，并在未来让他们用这样的意志去面对更多的挑战。

常见的沟通误区

当宝宝变得固执时，爸妈的处理通常会有两大误区：要么把控制权交给宝宝，要么把控制权抢到手里。

把控制权交给宝宝：

尽管宝宝拥有了控制权，但他的内心其实更加缺乏安全感。对于宝宝来说，爸妈应该是他的天和地，应该是无所不能的。然而，他却发现，原来自己也可以做主，爸妈只能顺从自己。爸妈无法给宝宝安全感，宝宝也会不信任爸妈，最终变得越来越不听话，甚至行为失控。

一味顺从孩子，容易让他们成为传说中的——熊孩子：没有明确的内在道德约束，父母的管教和社会的规定也无法约束他，这样的宝宝不会考虑别人的感受，只会一味地我行我素。"没有规矩，不成方圆"，作为家长的我们必须要让宝宝建立起道德观念和内在约束，避免失控行为所导致的恶果。

把控制权牢牢握在自己的手里：

上文已经提到过强制要求宝宝尊重自己的意志去执行的后果，这会让宝宝缺乏自我意识。蒙台梭利对此也有过阐述："在童年时，当儿童开始意识到自我时，其感官已经处于创造性的状态，特别容易受到（成人的）暗示……实际上，正常人有能力在谨慎和深思后再付诸行动，这是一种内在纪律的标志，并表现出相应的外部行为。当缺乏这种内在纪律时，个人就无法控制自己的活动，而受他人的意志支配，或者像漂泊的船一样成为外界影响的牺牲品。"

如何和固执的宝宝沟通？

作为父母，我们既不能一味地顺从，也不能过度强迫宝宝，最佳解决方案就是和宝宝合作，在无伤大雅的事情上采取两全其美的办法，在原则性问题上让宝宝理解并配合着一起完成。取悦爸妈，是孩子的天性，我们应该充分利用这一点，满足宝宝的需求，同时给他一个相对独立自主的空间。

1. 找到固执背后的原因。

爸妈需要和宝宝充分沟通，了解固执背后真正的诉求。上面的例子中，宝宝坚持不穿拖鞋的原因，是因为不喜欢粉色拖鞋。在大人找到问题根源之前，宝宝是很难主动表达出自己的真实意愿的。

所以，爸妈一开始时可以多猜多问，在了解了宝宝的想法以后，学会换位思考，就能找到宝宝行为背后真正的动机。这些动机有时往往简单得出人意料。

2. 给孩子几个可选的决定。

给孩子真正可选的选项。我们经常不由自主地给宝宝一些虚假的选择权。

例如，我们希望宝宝能吃青菜，但是会问："宝宝，你吃不吃青菜？"当宝宝回答"不吃"以后，我们又会千方百计地劝说宝宝"吃"青菜。这就是虚假的选择权——宝宝看似可以选择"吃"或者"不吃"，但实际上只有"吃"的选项是被我们家长所接受的。

有的妈妈会说："我家宝宝特别聪明，即使我给他两个可选项，他也哪个都不选！"例如，妈妈问："你是吃菠菜呢，还是吃西兰花？"宝宝却说："都不要吃，哪个都不要！"这位妈妈眼中所谓的两个可选项，并不是孩子眼中真正的可选项——孩子根本都不想吃青菜，不管你让他选菠菜还是西兰花，都无法符合他的需求。

什么是可选的决定呢？

只有父母和孩子同时接受的决定，才是可选的决定。例如，在吃青菜的例子上，你可以先问宝宝："宝宝你为什么不喜欢吃青菜呢？"如果宝宝说："青菜一点儿都不好吃！"那你可以接着问："那妈妈给你做好吃的青菜吧！那今天你是想吃好吃的菠菜呢，还是想吃好吃的西兰花呢？"这样一来，宝宝就容易接受了。

3. 让宝宝体验自己做决定的后果。

当第一次告诉孩子"开水很烫！会让你受伤的！"的时候，你可能会把它作为一个知识点记住。但当孩子真的碰到开水时，却不一定能反应过来，还是可能会被烫一下。这正是因为我们虽然具备了相关的知识，却缺乏对具体事物的感知。

当孩子对烫有了亲身体验以后，就会对冒着热气的东西额外小心。这也就是俗话说的"一朝被蛇咬，十年怕井绳"。

当然，在原则问题上我们必须遵守原则，例如我们不会刻意疏忽，让宝宝去碰触电源。但对于其他非原则性的问题，则可以让宝宝亲自体验做决定的后果，提醒宝宝对自己的决定负责，从而促使宝宝在未来做决定时——三思而后行。

有一位妈妈在出门前让宝宝穿外套，宝宝不愿意，于是妈妈说："你可以现在不穿，但我会拿着外套，如果你什么时候想穿了，随时告诉妈妈。"在雪地里走了一小段之后，宝宝就主动要求穿上外套了。

4. 设定约束和规矩。

设限有助于我们对待发脾气的宝宝，也有助于我们对待固执的宝宝。当父母们确认没有两全其美的办法时，必须设立不可动摇的规则，并让孩子明白，在此类事情上，没有讨价还价的余地。

根据宝宝的不同阶段设定不同的界限。你告诉1岁的孩子不要在街边跑，他还无法理解，所以你必须在街边行走时紧紧抓住他的手。但对于3岁的孩子，也许只需要你一个眼神，他就会乖乖地靠人行道行走了。

在给宝宝设限之前，我们必须了解他们能够明白和接受的范围在哪里，而不能以笼统的标准要求不同年龄的孩子。

聪明地说"不"。你可以采取这些方式：告诉孩子，他还能做什么；试着告诉他不希望他这么做的原因；分散他的注意力；给出另一种替代方案；提供两个你能接受的选择，并阐明规则；延迟满足孩子的需求；幽默地化解孩子的问题；认可隐藏在孩子未被满足的请求下真实的愿望，等等。

亲切的态度和好玩的东西。规矩是死的，人是活的。当孩子伸手去触摸危险的东西（例如插座），或者你不希望他玩的东西（例如你的手机）时，只冲他吼"不许拿"，或者强硬地从孩子手中抢走，大多数情况下只会引发孩子的哭闹。

面对这样的情况，你应该走到他身边，拉着他的手，直视他的眼睛，引起他的注意，用他能理解的语言给他解释清楚为什么这种行为是不被允许的。

例如告诉孩子，插座可能引起触电——疼、致命、烫（注意不要只用"危险"这类高度概括，孩子却无法理解的词语）——不能触碰；在孩子抢手机想玩游戏时，告诉孩子，手机屏幕发出的光对眼睛不好，可能会造成眼睛疼，进而会戴沉重、丑陋的眼镜（近视也是一个抽象的词）等。语气要坚定，同时给他可替代的东西。宝宝再顽固，也很难拒绝亲切的态度和好玩的东西。

指示要简单。一次说太多，宝宝是很难理解的。同样，用一些对宝宝来说晦涩和抽象的词，也难以让宝宝做到真正理解。

明确的界限，
与2~3岁第一个叛逆期孩子的沟通

这一阶段的幼儿是"反抗者"。2岁前后，幼儿会逐渐发展出自我意识，从而拥有更大的独立性，也开始表现出一些挑衅的行为，这就是我们经常听见的"糟糕的两岁"（terrible two）。

在这一阶段，父母将面临宝宝出生后最大的沟通挑战。总的来说，给予明确的界限，帮助宝宝寻找两全其美的方案，都有助于解决问题。

2~3岁幼儿的特点
人生的第一个叛逆期。

两岁左右的孩子会进入人生的第一个叛逆期，这是因为幼儿的大脑开始逐渐形成自我意识，并且他们会开始独立思考，因此也就会开始尝试挑战权威和成人的界限。家长会在这时突然发现，以往的天使宝宝消失了，孩子们全都变成了小坏蛋，天天和你对着干。

这个时期的孩子，最喜欢做两件事：对着干以及发脾气。

"别捡地上的东西吃！"他捡起来放嘴里吃了。

"不许摸电源，不许摸！别摸！"他伸手就去摸。

"你可把杯子拿稳了，别扔了，扔了会碎的。"他邪魅一笑，直接把杯子扔在地上。

"别跑，会摔倒的！"听完后，他立刻撒丫子开始跑。

孩子和你对着干，分分钟会将父母气出病来。每每得逞，他还对你笑笑，仿佛在说："看，我又对了，你说的不对。"

这一阶段的孩子，发脾气的行为也会逐渐增多：

"该吃饭了！"说完你准备把他抱起来去洗手。

"哇！"他以大哭开场，不知以怎样的方式收场。

"不许吃巧克力了！今天已经吃了很多了！"他一来气，顺手就把茶几上的水果推得满地都是。

"不买，这个玩具不买。说不买就不买。""哇——！"他抱住商场的玩具，索性在地上打滚撒泼起来。

裤子尿湿了，怕他感冒，想赶紧带他去换。可他玩得正开心，不想挪窝，索性一回头，把你的眼镜给抓下来，摔到地上。

叛逆期的孩子，会让很多父母都头疼。明明前不久还是小天使，为什么突然就变成了小恶魔？要想顺利度过这一时期，关键还是要接受这是一种正常的表现、必经的阶段、成长的过程，同时还需要掌握一些方法：

提前制订规则和边界。让孩子对"不能做什么"和"应该怎么做"有了解，并给他们一个接受的时间和过程。如有可能，可提前进行场景预演，以便孩子能快速适应。

行为的后果。帮助孩子认识到自己行为的后果，以及自己需要承担所造成的后果。开培养孩子的情商。认识情绪、识别情绪是培养孩子情商的第一步。

在这个阶段，让孩子认知自己的喜、怒、哀、乐等情绪，并且鼓励他表达出来，这一点尤为必要。

美国儿童心理学家琳恩·怀斯曾说过："2岁的孩子还无法明

显地说出自己的感觉，而是凭感觉做事，并在积累多次的经验以后，才会慢慢地体会到自己不同的情绪，以及随后不同的行为表现。"怀斯认为，当孩子逐渐认识自己的情绪时，父母便可以开始引导他们控制自己的情绪了。

养成固定的生活习惯。固定的流程和习惯，会让孩子有安全感。当他对于"下一步会发生什么"有所预期，就会变得更加从容，情绪也会相对稳定。

小到睡前的流程：洗澡－吹头发－刷牙－穿睡衣－讲故事－关灯；大到家族传统：周末一起去玩、春节一大家子团聚等，都会让孩子有安全感，感受到来自家人的爱和温暖。

积极地解决方案

在和叛逆期的幼儿沟通时，我们要意识到发脾气和争吵只是行为的表象，即使不考虑强迫的后果，采用命令等强制性方式让孩子不敢哭、不敢闹了，这些都无法解决孩子实际遇到的问题，孩子的不满情绪还是会在内心堆积起来，并在其他地方爆发，从而引起新的亲子冲突。

一天中午，我家2岁3个月的小乖在家里开始哭闹起来，坚持要求看iPad。

"你想看iPad，对吧？"我说出了他内心的想法。

"嗯！"他点点头，但还是继续哭。

"哎呀，流鼻涕了！咱擦完鼻涕，再继续哭行吗？不然太难受了。"我"哄骗"他呢，这小子果然上钩了。

"好，擦鼻涕。"小乖立马不哭了，等我给他擦鼻涕。

这哭到半截儿还能停，确定是哭闹无疑了。于是我和他进行了一番谈判，最后决定午睡起来以后再看10分钟，于是开心地吃饭、漱口、午睡去了。睡醒以后，小乖要求喝牛奶。

我递给他一盒早上没喝完的牛奶。

"不喝不喝，我要自己戳，要新的。"

想着他能自己独立拿牛奶喝也是好事，我就没有制止。只见小乖屁颠屁颠地跑到厨房门口，踩着小凳子，去拿牛奶。结果他戳破一盒牛奶，喝了两口，又要去戳第二盒。

"不是刚新开了一盒吗？"我问他。

"还要新的，还要！"他毫不犹豫地回答我。

我看着桌子上第三盒已经戳开，但一口没动的牛奶，真是气不打一处来。但我没有发作，而是如实地告诉小乖自己的心情："你戳牛奶盒子玩，其实是在浪费东西。妈妈现在挺生气的。"说出内心的感受，我的情绪平复了不少，再看着冲我一脸坏笑的小乖，我突然知道他到底想干什么了："你是想喝牛奶，还是想玩牛奶啊？"

"玩牛奶，"他的回答倒是很诚挚，"戳牛奶玩。"

"玩戳牛奶盒子的游戏吗？"

"嗯！"

真相大白。这小子压根就不想喝牛奶，就是想玩戳牛奶盒子的游戏。在他看来，只是想玩戳破盒子的游戏；对我而言，这就是故意损坏，浪费钱了。

我心里琢磨着得想个办法，好让他能玩戳破东西的游戏，又不造成浪费。于是，我找了个塑料杯子，随手拿些牛皮纸，再用皮筋将纸绑在杯口上，做成了一面小鼓。然后给了他一个有尖头的玩具，让他自己戳着玩。

"妈妈真棒！"小乖接过这面纸皮鼓和尖头玩具，开始"哐当、哐当"地戳起来。戳坏以后，更是要把整个纸都扒下来。最后他一番捣鼓，将午睡起来后积攒的多余精力释放完，一咕噜喝下半盒牛奶，又变成很好沟通的小天使了。

我家大宝小萌2岁的时候，也有一段非常明显的叛逆期。有一阵子，小萌特别喜欢把饭桌上的东西往地上扔。什么菜叶子、啃完的西瓜皮、黏糊糊的炖土豆……我则跟在他后面收拾东西，简直收拾到绝望！

后来我想了一招，那就是给他好多作废的卡片，再找了一个盆子，让他往盆里扔。自从确立了"扔进去"的目标，小萌扔得可就认真多了。偶尔没扔进去，他还会跑过去捡起来重新扔。完全不用我操心扔得满地都是的问题了。

遇到2～3岁孩子的不良行为时，父母得寻找一个两全其美的解决方案。叛逆期的孩子，虽然有时候确实在试探你的底线，但每个试探行为背后都是有诉求的，而不仅仅是出于对家长权威的挑战。

"我就是想看ipad"这个请求背后的诉求，可能是孩子希望找些好玩的。如果大人能成功让他对别的东西感兴趣，陪他玩玩具、读绘本，他就会放下iPad。

"我想把每盒牛奶都戳得乱七八糟"背后的诉求，可能是孩子希望戳东西玩。给他找别的无害的东西戳着玩，发泄过剩的精力就好了。

"我想把所有东西都扔下去"背后的诉求，可能是孩子对于物体下落的状态感兴趣。将他"扔"的行为加以规则化——扔进盆里——这样你就又一次驯服了小怪兽。

如果家长执意要求孩子按照成人的想法行事，会对孩子自尊、自信的建立产生负面影响。相反，如果孩子被"说服"以后，按照自己的意志来行事，会帮助他更好地建立自我意识，未来面对困难时也拥有坚强意志和信念。

如何处理打人、抓脸、玩头发

2～3岁的孩子很容易出现打人、抓脸、扔东西等行为，但并不一定是攻击性行为——这些反常行为的背后，往往蕴含着孩子在不同年龄阶段所发展出来的新需求。

满足生理需求

3岁以下孩子的绝大多数看似攻击性行为的背后，都是为了满足自己的生理需求：咬人、咬东西可能是为了缓解牙龈出牙时的疼痛；抢东西可能只是因为饿了，希望获得食物；推人可能是因为感觉被挤到了，希望获得足够的空间；打人可能是发泄对于看护人无法满足自己需求的不满等。

这些行为的目的并非单纯为了给他人造成伤害，而是作为满足自己正常的生理需求的一种手段。比如，满地跑和各种运动，是孩子对旺盛精力、负面情绪的正常消耗和发泄。

观察和探索

孩子的行为发展是有时间轴的，比如我们经常说的"三翻六坐、七坐八爬"，都是不同月龄的孩子正常发育时所必经的过程。孩子1岁左右的时候，精细动作和粗放的运动技能都会进入一个新的阶段。

孩子的自我意识也开始逐渐形成——他会有意识地利用自己的身体动作，去观察和探索周围的一切。

比如把东西扔得满地都是，观察它们落地的样子；将桌面上的食物拍扁，观察拍扁后的状态；什么都放入嘴里咬一口，探索不同物体的入口感觉；抓头发、抓脸、抓手、抓衣服，观察被抓人的不同反应；敲东西，探索不同东西所发出的不同声音，等等。

练习新的技能

孩子重复一些行为，只是为了不断学习——尽管其中一些行为让爸爸妈妈感到很不舒服。有一项经典的研究，让两个刚会走路的双胞胎，一个每天练习15分钟走路，一个不加练习。10天的练习后，每天训练的婴儿明显走得更稳。

有的孩子在获得了平衡能力后，会开始试着横步走、后退走、绕圈走、单脚走、脚尖走等自发运动；有的孩子可能喜欢不停地敲打东西：在家里敲打能见到的一切事物，从安全的泡沫塑料到玩具，到不安全的瓷器和玻璃器皿，甚至是令人耳膜难受的不锈钢制品等——这些行为可能是孩子在用手握住工具后进行新的技能学习。

引起父母关注

如果说哭闹是因为沮丧和发泄，尖叫则是为了引起家长的注意——尤其是那些总在看手机的家长。

智能设备让很多人把工作搬回了家里，把社交也搬回了家里——却搁置了家里的事情：好好吃一顿饭，用心陪伴孩子，认真地互相倾听和交流。当孩子呼唤父母时没有回应，当孩子走过来摸你没有回应，当孩子指着自己想要的物品看着你没有回应，当孩子着急地叫你没有回应，但当他们尖叫时，你却会把注意力转向他们！

如果是这样，孩子便会敏锐地察觉到：尖叫是有效的，它能让爸爸妈妈注意到我。所以，下一次，他们还会尖叫。这几乎是一个死循环——如果你无法及时注意并回应孩子的需求，也无法与之商量出一个合适的解决方案，不管你如何打骂、教育，孩子仍然会选择唯一有效的吸引你注意的办法：尖叫。

自我意识的发展

孩子自我意识的形成从1岁就开始了，2岁时大多数宝宝已经初步具备了相对独立的意识，会开始尝试探索和试探大人的边界。

在小萌1岁3个月时，我们明确告诉过他不能乱扔东西。每次他想故意扔东西时，都会悄悄把手里的东西挪到桌面边缘，然后眼睛注视着我，期待我的反应。如果我及时发现并制止了，他就会消停一阵儿，但如果我没有看见，他就会将东西扔下去，那么我的任何反应（皱眉、生气、教育他）都会让他哈哈大笑。

——这一切，其实都是孩子在成长和成长过程中最正常的行为和阶段。对于没有标准答案的他们来说，一切都需要去探索、去尝试、去知道后果，才会形成经验，帮助他们做出判断。

大人讲述再多的道理，跟孩子亲身体验到的经验，是有很大差距的。与此同时，孩子的动作发展和认知发展也是互相促进的。这也是为什么，当孩子动起来获得体验时，他们能学得更好。

这些反常行为，其实不难应对，可以通过下面的方法：

满足合理需求

既然孩子这些反常行为的背后，隐含着其身体成长的合理需求，那么我们就需要去了解并满足他们的合理需求。例如，孩子尖叫，可能是他们为了引起家长的注意，那么家长就要在孩子还没有发出尖叫时注意观察并回应他的需求。

小萌也有过几段尖叫期。第一段尖叫期发生在他6个月时，一有事就尖叫。这时，离他最近的人会把他抱到门外，告诉他，在门外尖叫是可以的，但在别的地方就不能尖叫。半个月的时间，小萌尖叫的现象就改观很多。

第二段尖叫期发生在小萌11个月时，一有求之不得的东西，他就会尖叫，以此来换取家中老人的心软和许可。在离开老家回到北京后，我和爸爸达成了共识，在小萌尖叫时，我们也开心地小声叫，让他意识到：尖叫只会让爸妈变得更开心。这次花了一个星期时间就纠正过来了。

第三段尖叫期发生在小萌13个月时，只要得不到自己想要的，就会一直哭直到喘不过气。这时，我们通常会先抱住他，轻拍背部，安抚他的情绪。同时，爸爸会三番五次地告诉小萌："你需要告诉爸爸妈妈，你想要什么，爸爸妈妈才能给你。你尖叫是没有用的，因为即使尖叫了，爸爸妈妈也不清楚你想要什么。"

在小萌表达需求以后，我们会和他商量出双方都满意的替代方案（例如"今天不能再喝酸奶了，但是妈妈可以给你一颗草莓好吗？"，或者"妈妈知道你还不想睡觉，所以现在妈妈让你睡觉你不开心。没关系，你哭吧，妈妈陪着你。一会儿妈妈给你讲你最喜欢的故事好吗？讲完以后咱们就睡觉，等睡醒了妈妈给你吃葡萄好吗？"），让他了解"喔，原来还能这样解决问题。"这一阶段小萌已经发展出了自我意识，我们花了快三个月的时间才根除了他的尖叫行为。

制订合理的规则

引导和限制在事发之前非常重要。

有一位妈妈，她家孩子特别喜欢用铁勺敲不锈钢制品，一直敲到幼儿园毕业。她觉得能够容忍，便不加干涉，这就是她家的两全其美的方案。然而，如果是喜静的家长，一定难以忍受，那么就需要寻找解决方案。

——这里的重点是，如何在既能满足孩子的需求下，又不让家长感到难以接受。

小萌1岁左右的时候非常喜欢乱扔东西，这时我就拿出一些过期的卡片和一个盆子来，鼓励他将各种不同的卡片扔到盆子里去。这样即满足了他喜欢扔东西的需求，又将后果控制在可接受的范围之内。这个游戏很快就有了升级版：萌爸会带着小萌往空箱子里扔球，从网球、乒乓球到小皮球。这让小萌意识到这些东西是可以扔的，而其他东西则是不可以扔的。

小萌1岁3个月时，坐在自己的椅子上，又开始扔东西。这时，我们总会及时为他替换可以扔的东西，并且允许他将一部分无法食用的食物（例如樱桃核等）扔到垃圾桶里。

现在小萌已经学会了把各种垃圾扔到垃圾桶里，成为家里心细手巧的"清洁夫"。

不断提醒规则

有时孩子的行为是故意的，可能会造成严重的后果。小萌很爱吃东西，因此对充满食物的厨房充满了好奇，但厨房充满了各种危险的厨具，当然不能让他进入。

在他第一次试图进入的时候，我们就会清楚地说明，并让他注意看厨房入口处不同图案的地砖。每一次，他只要乖乖待在厨房门口，我就会在从厨房出来时给他一小块食物作为奖励；当他进入厨房时，我会在语言上重复"不能进厨房"的相关说明，并及时地将他抱出来。同时，这也是我们全家人所达成的共识，不能因为厨房里是爸爸或者别人，就可以进入。

打人、抓脸、扔东西、尖叫等行为，都曾在我家两个孩子2岁~3岁的阶段出现过，在他们后来成长的过程中也曾反复出现。我们反复地纠正和改善这些反常行为，付出了巨大的持续性努力。孩子一直成长，之前的规则和办法可能在当下就不奏效了，妈妈爸爸们要运用自己的智慧，找到新的解决方案。

有限的选择，
如何与3～4岁学习独立的孩子沟通

这一阶段的幼儿的角色更像是——领导。

3岁以后，孩子逐渐意识到自己并非是世界的中心，同时他们的新的认知体系也刚开始萌芽，了解到别人的想法和自己的想法是不一样的，世界不是围着自己转的，一开始意识到这些会让他们不知所措。

对于3～4岁的孩子来说，他们想要对自己的生活和周围的一切拥有掌控感，因此他们会不断在家中挑起权力斗争。如果说两岁孩子的行为更多的是反抗，那么3岁孩子的行为常常是赤裸裸的挑衅——他们希望自己能做主，自己能说了算。

这一阶段的孩子一旦生气，就不太好安抚了，因此我们最好是通过了解他们的先天秉性，来避免一些容易激怒他们的导火索，例如困倦、吃撑、饥饿、病痛、疲劳、精力旺盛等。

3～4岁儿童的特点

3～4岁的孩子正在从婴儿期向童年过渡。他们知道了更多的概念，可以表达自己的一些想法，同时还拥有着丰富的想象力。这一阶段的孩子，很喜欢玩耍和做游戏，也喜欢尝试各种体力活，包括家务等。

在了解到世界不是以自己为中心后，他们会开始真正意义上的独立社交生活，比如学习如何与他人相处以及分享和轮流使用物品等。这个时期的孩子更乐于与父母相处一小段时间，而且也在一定程度上学会了延迟满足。

3～4岁的孩子会更加独立，他们总希望自己能够独立完成一项工作，而不需要任何来自父母的帮助，在他们熟悉的地方，他们更容易和父母分开，渐渐平息自己的分离焦虑。在这一阶段，他们会喜欢一些复杂的虚构游戏，但还不能够很好地区分想象和现实的具体界限。

这一阶段的亲子沟通，可以给予孩子有限的简单选择，例如决定穿什么以及吃哪些零食，等等。

如何处理入园焦虑

焦虑是成长过程中不可避免的一部分，在孩子入园焦虑的背后，其实不仅仅是分离焦虑，还有对陌生人（环境）适应的焦虑，这些焦虑大都和他们幼儿园的生活息息相关。

分离焦虑

分离焦虑，是指熟悉的照看人离开孩子时所产生的一种焦虑。通常来说，孩子从4～6个月开始就会产生分离焦虑，严重时甚至会导致夜间的睡眠困难：有的孩子会一夜醒来好几次，哭着要爸爸或妈妈。这一阶段有时会持续好几个月，但这是孩子情感发育的一个正常阶段。

孩子两岁时，分离焦虑通常不会再那么严重了，但到了3岁入园时，又会再度严重起来。

有的家庭为了让孩子上学方便，会在临近上学前，全家搬到新的社区。如果孩子不喜欢目前的托儿所，也会加重孩子的分离焦虑。如果不加干预，分离焦虑可能会变为恐惧，令孩子害怕上学，还可能造成头痛、胃痛等身体不适，甚至让孩子退回自己的世界里。

作为家长，我们该如何缓解孩子的分离焦虑呢？

第一，实话实说。

不管孩子有多小，当我们不得不离开他的时候，尽量能够对他讲述即将发生的真实情况。比如我们要去另一个房间，可以告诉他妈妈马上就回来。但是如果要出门好一阵，就告诉他妈妈可能晚一些才回来。

相反，那种明明要出门很久，却告诉孩子"一会儿就回来"的做法只会让孩子的期待落空，加深他们对父母的不信任，反而会加重分离焦虑。

这时候我们可以通过与孩子共情，例如"我知道你不想和妈妈分开，妈妈也不想和你分开——但妈妈需要去工作赚钱，给你买好吃的、好玩的！"当孩子觉得你理解了他，才会更容易听进你所说的话。

第二，快速的分别仪式。

分别前，一定要有"再见"的仪式。但是，这种分别仪式最好能快速进行，例如给孩子一个吻或者提供一个特别的玩具后，就迅速离开。分别仪式最好能成为固定的仪式，让孩子对接下来将发生的事情有所预期和准备。孩子会慢慢接受这种分离，把它当作是一件可预测的例行公事的一部分。

第三，分散注意力。

出门前，可以让照料人给孩子展示一个新玩具或者告诉孩子感兴趣的事情。父母说完再见后，就尽快离开。因为，你待得越久，孩子就越焦虑，情绪失控也就会越厉害。

第四，遵守自己的话。

如果你告诉孩子下午放学时会去接她，如果家长出于不放心，一个小时以后就回去探望孩子，这样做只会加剧孩子的分离焦虑。基本上，所有因为担心而折回去看孩子的家长，最终都会引起孩子的剧烈情绪波动，而不得不将孩子带回家。

第五，用孩子能理解的语言，给他们一些重逢时的期待。

如果我们准备下午3点去接孩子，可以告诉他，你午睡醒来后，我就会来接你。因为孩子可能还无法理解下午3点的确切含义，但"睡醒以后"他是可以理解的。

小萌刚回国上幼儿园时，每天送园前，他都要求我去接他，然后给他带一个小玩具或者喜欢吃的水果。由于这些是他在家待着所没有的奖励，所以他每天一起床就会对放学后的时光有所期待，也就不会抗拒上幼儿园。

陌生人焦虑

陌生人焦虑，是指孩子看到他不认识或者不熟悉的人时所产生的焦虑。在0～6个月之间，婴儿几乎不会对陌生人有负面反应，但到了8～9个月左右，就会对陌生人产生消极反应，而且在接下来一年的时间中会越来越严重。

这样的变化说明宝宝变聪明了——从认知发展的角度来说，

出现陌生人焦虑的宝宝需要：识别出陌生人的面孔；对比陌生人和熟悉的人之间外貌的差异；以及唤起他同其他陌生人在一起时的回忆。

通常，当孩子半岁左右时，职场妈妈就需要回归职场了。为了缓解孩子的陌生人焦虑，最好提前一个月就引入新的看护人。

为了缓解入园时的陌生人焦虑，家长该怎么做呢？

首先，提前熟悉老师。当孩子入园之前，最好能在家长的陪伴下，提前和老师见个面，甚至一起做做游戏等，让孩子熟悉新的看护人。

其次，提前熟悉同学。有的幼儿园会有 1 ~ 2 天的试听时间，在这期间家长可以陪着孩子和未来的同学、老师接触，这种做法对于缓解陌生人焦虑来说是非常有效的。

最后，提前熟悉幼儿园及周边。先带孩子认识和熟悉幼儿园，在墙外用手指一指，告诉孩子里面的哥哥姐姐们都在做什么样的游戏，吃什么好吃的，有助于孩子对幼儿园的生活充满期待。如果计划搬到幼儿园附近住，最好能提前一个月搬过去，而不是临近开学时再搬家。

聊聊幼儿园的经历

如果孩子在幼儿园里遭遇了令他不适的经历，可能会加重分离焦虑，变得不想甚至害怕去幼儿园。许多幼儿园老师给出的建议是——尽量和孩子聊聊开心的事情，不要去做负面引导。

有另外一种方法可能会更好一些——询问孩子的真实感受。

在美国著名的连锁幼儿园光明地平线入园指南里，就用中性的语气建议家长每天和孩子聊一聊发生了什么——而不是国内一些幼儿园建议的——尽量和孩子聊聊开心的事。

如果孩子感到开心，我们也会开心。但如果他遇到了不高兴的事情，能坦率地说出来才更好。这样，家长才能和他分担，成为他的听众和朋友，并给出一些建议——必要的时候，甚至可以采取一些措施。

不论幼儿园生活给孩子带来了积极还是消极的感受，家长完全接纳孩子的情绪，帮助孩子解决问题，才能帮孩子实现顺利过渡。而不能只为了让孩子好好上学，就只提好事，不让孩子说出不开心的经历——这种做法，可能会让孩子在未来遇到困扰时不敢同家长沟通。

但是，家长也要注意，和孩子聊天的过程中，不要过于强势或者预设后果，否则很容易将话题引导到自己所期望看到的方向，而不是还原真相。这点我们将在下一小节中详细介绍。

如果孩子的入园焦虑越来越严重，可能需要接受专业人士（例如幼儿心理咨询师）的帮助。大多数孩子会逐渐适应幼儿园，他们的入园焦虑会慢慢地得到缓解，并从家庭生活逐渐过渡到学校生活。

我家小萌很快就适应了幼儿园生活。一个月以后，我对自己的朋友说："我觉得，现在全家唯一有入园焦虑的人——是我！"

如何发现虐待

良好的亲子沟通，可以让孩子避免虐待，以及在虐待发生时及时发现和处理。

尽量避免"诱导性询问"

一位妈妈说，他家孩子从小就比较调皮，入园读了小小班，特地报了高端园，学费是两万元一学期，希望孩子能得到更好的照顾，并有一个快乐的童年。

开学一个多月后，孩子除了第一天第二天上学没有哭，后面每天早上都会哭。一直说不喜欢老师，刚开始是说"她老让你们走"，意思是早上送他去幼儿园，老师总是让我们（家长）放下他就走。有一天又说不喜欢，妈妈问他为什么，他说老师打他。

妈妈和爸爸一听，赶紧问他，前前后后问了好几遍。孩子大概说了两件事，一件是说把他关在卫生间，在卫生间打了他。妈妈问用什么东西打的，他说用卫生间的东西；问他是什么东西，我们家有没有，他指着拖把说是这个；问他打的哪里，他说打的屁股；问他在卫生间有没有哭，他说哭了；问他哭了以后老师有没有放你出来，他说没有；问他谁放你出来的，他说是保育员老师。

这位妈妈知道这么大的孩子无法分清想象和现实，可能会把想象的事情当成真的，所以担心这是他乱讲的，但是孩子又把细节讲得很清楚，所以她又没有理由不相信自己的孩子。检查孩子身上有没有伤痕，除了孩子的话，这位妈妈也没有别的证据。她很苦恼，不知道该怎么办才好。

其实，在上述的提问方式下，他们所怀疑的老师体罚孩子基本上是子虚乌有的。

诱导性询问（leading question），是指询问者为了获得某种确切的回答，在提问时就限定了回答的范围，而这位妈妈就大量采用了诱导性询问。

从孩子说老师打自己开始，父母如果相信孩子的话，就会询问更多关于老师打孩子的细节。

父母："用什么东西打的？"

孩子："卫生间的东西。"

父母："是什么？我们家有没有？"

孩子指着拖把说："是这个。"

父母："打的哪里？"

孩子："打的屁股。"

父母："在卫生间有没有哭？"

孩子："哭了。"

父母："那你哭了班主任老师有没有放你出来？"

孩子："没有。"

父母："那谁放你出来的？"

孩子："保育老师。"

这样的提问将"老师打了我孩子"当作已被认定的事实，要求孩子不断去补充细节。在父母的提问下，孩子会一步步地补充挨打的地点、物品、被打的位置、涉事的老师，但这一切可能只是孩子在父母预设情景下，顺着父母的意愿去说的话，并不一定是事实。

孩子皮肤娇嫩，如果老师真的用拖把打了他，挨打的地方肯定会留下红印或者出现青紫色，但这位妈妈检查孩子的身体时，没有发现伤痕，也没有找到别的证据。

如何发现孩子是否被虐待？

采取体罚作为管教手段的老师，通常不会只针对某一个孩子，而是普遍地采取这种方式。如果想要确认，可以侧面向其他家长打听一下，或者问一问别的小朋友，是否喜欢某个老师，为什么喜欢，为什么不喜欢——如果所有小朋友口径都一致，便可以认定这件事发生过。

根据美国儿科学会的建议，如果孩子受到了体罚，会有一些身体症状和行为变化，可供家长更准确地判断孩子是否受到体罚或忽略：

1. 体征变化：

任何无法解释的损伤(瘀伤、烧伤、骨折、腹部或头部损伤)

体重增加失败(尤其是婴儿)或体重突然急剧增加

生殖器疼痛或出血

性传播疾病

2. 其他值得关注的变化：

恐惧行为(噩梦、抑郁、异常恐惧)

腹痛，尿床(尤其是如果孩子已经会自己上卫生间)

企图逃跑

与孩子年龄不相称的极端行为

突然变得不自信

无医疗原因的头痛或胃痛

异常的恐惧，越来越多的噩梦

成绩下滑

极度被动或好斗的行为

极度深情的行为或社交退缩

胃口突然变大，偷吃食物等

孩子是妈妈身上掉下来的一块肉，看到孩子不适应幼儿园、害怕老师，我们作为父母肯定会担心，甚至害怕。但，越是这样，我们越要冷静。当我们询问孩子是否受到体罚时，记得采用客观、开放式的问题：

"宝宝，今天在幼儿园都发生了什么事呀？"

"和老师相处得如何？你们一起玩什么了？"

或者主动玩一些角色扮演的游戏，让孩子扮演老师或者陌生人，演一演到底发生了什么。这时，孩子主动描述出来的细节和事件过程，可信度会更高一些。

如何预防孩子被侵犯？

这恐怕需要父母在平时多下工夫，包括：告诉孩子，什么事别人不可以对他做，让他在遇到这些情况时立刻告诉父母；注意检查孩子的身体和精神状态等；用客观中立、开放式的提问和孩子交谈；询问其他家长，看是否大多数小朋友都口径一致；如有必要，可以要求看监控——但如果监控证明了老师的清白，一定记得要向老师赔礼道歉。

被同伴语言攻击

进入幼儿园后，孩子会面临很多来自社交方面的挑战。

有一个高高胖胖的孩子，性格开朗又喜欢交朋友，但幼儿园里经常会有其他小朋友骂他，说他是"肥猪"。一旦他被激怒，就会和另一个小朋友打起来，常常会把对方摔倒。

打人固然不对，但如果每次都是对方先挑起的事端，这就令人困扰了。他的家人担心，以后可能还是会有人侮辱他的外貌，但并不想他因此而自卑，更不想他以暴制暴。

如何才能让孩子自信地接受自己的外貌呢？怎么教他在面对别人侮辱时，从容不迫，用语言赢回小孩子的尊严呢？

在找到解决方案之前，我想先分享一段自己的真实经历。

初二的时候，学校刚引入生物课，班里很多男生都会利用课间时间去抓各种虫子，号称要进行科学研究。但比研究更吸引他们的是，拿虫子吓人，观察同学的反应，比如用蜘蛛吓唬女生。

我对蜘蛛的害怕，由来已久。三年级时，有一天早上醒来，头顶的天花板上爬着一只特别大的短腿蜘蛛，我吓得立刻跳了起来。五年级时，有一天在洗手间，我刚关上门，就看见门背后的水盆架最下方，有一只比树叶还大很多的长腿蜘蛛，正抱着一颗黏糊糊的白色卵，一动不动地趴着。再加上那时候看的百科书籍比较多，联想书中对黑寡妇、蟹蛛的介绍，给我造成了巨大的心理阴影。所以，我害怕蜘蛛——可以说是怕到骨子里去了。

有一次，同桌的男生和我有了矛盾，扬言要我好看，下课时就在草丛间搜寻了很久。数学课开始后，他像一位得胜的将军一样，拎着一只巨大无比的蜘蛛，将它放在自己的铁皮文具盒里，玩抽丝的游戏。他拽住蜘蛛分泌的丝线，用力往外拉，每次抽出长丝，蜘蛛也跟着从铁皮文具盒的开口处被往外拖拽，甚至还会露出几条腿。然后他猛地放手，蜘蛛又会跌落回文具盒中，只剩下一根还牵在他手里的蜘蛛丝。

对方知道我怕蜘蛛，所以故意以这样的方式吓唬我，一边抽丝还一边转头对我说："哈哈！快要爬出来了，哎呀，这么多腿太好玩了，爬到皮肤上一定很麻，哈哈。"我每时每刻都在强迫自己认真听课，强迫自己忽略铁皮文具盒里的大蜘蛛。

现如今回想起来，那堂数学课对我来说，是最漫长的一堂数学课。铃声响起，老师还没喊下课，我就立刻起身飞奔到办公室，在班主任桌前哭了好久，抽噎着、断断续续地讲述了事情的全过程。

老师狠狠责罚了他，还请了家长。从此，他再也没有拿蜘蛛吓过我。

然而，事情还没有结束。初中毕业以后，我们一同升入了新班级，班主任换了，他大概还记得当初的"仇"，又想故技重施。有一天晚自习之前，我刚到教室，他就拿着一只蜘蛛向我走来，脸上带着坏笑，期待着我的反应。

我选择没有反应。

他甚至抓住蜘蛛的几根腿，将蜘蛛不断凑近我，甚至是凑近我的脸——我也选择没有反应。只有我自己知道，那时我已经浑身是鸡皮疙瘩，而且几乎无法呼吸了。但我没有"尿"，反而挺直腰，平静地看着他，说道："呵呵，我早就不怕蜘蛛了。"

我能看到他眼里瞬间黯淡下来的失望。就在这时，班上另一位人高马大的男生看到他手上拿着蜘蛛，突然大叫起来："妈呀——蜘蛛！"突然，我的这位老同学的眼神亮了起来，他拿着蜘蛛离开了我，转而走向那名人高马大的男生——这位身高超过

180cm的男生就这样被他用蜘蛛捉弄了整个高中阶段——足足三年时间。

至于我，再也没有人拿蜘蛛吓过我。

我们总说小孩子天真，但这种天真往往带着残忍的动物性。比如他们会数女生脸上的痘痘，只觉得这样很有趣；比如他们会说"阿姨比妈妈漂亮"，却不知伤了母亲的心……在缺乏成人监督、管理的校园世界，有时候唯一起作用的就是丛林法则。

在本节内容开始的案例中，骂人"肥猪"的小朋友，就像我当年同桌的男生一样，只要发现了别人的弱点，就会一直拿这个弱点戳对方的痛处。就像很多熊孩子一样，他们不在乎行为的后果，只在乎自己做的事对他人能产生什么影响，以此证明自己的影响力。

其实这种不良行为背后隐藏着的是——个体对权力的索求。事实上，权力无所谓好坏之分。建设性地使用权力可以让孩子更加自信，而破坏性地使用权力便会造成不良影响。当双方陷入"权力之争"后，通常情况下都会是——两败俱伤。

那么，我们如何和孩子沟通呢？

一方面，鼓励孩子积极寻求成人的帮助——主动告诉老师和家长，让对方知道这样做是错的；另一方面，尽量无视对方的叫骂。试着当别人第一次开过分玩笑的时候，就像我无视蜘蛛一样，选择无视他。

当一个试图激怒你的人，发现最能激怒你的办法失效了，就会放弃这种方式来激怒你。

如果，被无视后对方反而变本加厉，那就需要我们平时就训练孩子的勇气——对不正确的事情"说不"（气势要足），看着对方，清楚而大声地说出一句话："现在，你就住口！如果你继续打扰我，我会告诉老师和你的爸爸妈妈。"

有时，强烈的声明会使情况好转，但关键是要让孩子学会站直挺立，用坚定的语气回应对方——这可以视为勇气的延伸。

养育孩子，是一个系统工程：对方会抓着你的弱处下手，不仅是因为你的弱处会对他的挑衅有反应，还和其他因素有关。为了避免类似的欺凌，我们还可以——

鼓励孩子交朋友。例如，加入有成人监督的团体，结识新的朋友，也可以在放学后邀请孩子的朋友一起玩。

事实上，看起来孤独的孩子更有可能受到语言伤害乃至欺凌——施暴者通常都会选择软柿子来拿捏。

支持孩子所感兴趣的活动。例如，团队运动、音乐活动等，让孩子在集体活动中培养出新的能力和社交技能。当孩子拥有社交的信心时，通常不容易成为被欺凌的对象。

12条关于"可怕的3岁"的亲子沟通建议
建议1：少吼叫，多表达爱。

心理学认为，吼叫是一种延迟的防御机制——当其他方式都失败的时候，我们通常会用这种方法来表达内心的挫败感。但是，大吼大叫远比我们能够意识到的更伤害孩子的情感。短期来看，吼叫或许能快速改变孩子当下的行为；但长远来看，吼叫可能会造成真正的心理伤害。

孩子们需要积极的教育来促进大脑的健康发育，而不是大喊大叫和严厉的惩罚。来自儿童精神病学教授、圣路易斯华盛顿大学医学院早期情感发展项目的负责人琼·鲁比（Joan Luby）博士的研究表明，在有压力的情况下，应该对蹒跚学步的孩子进行积极的教育，而不是责骂或体罚，这与大脑某些区域的改变有直接关系。这一研究结果意味着，吼叫可能会损害孩子的大脑发育。

如果你扪心自问，发现自己对孩子的吼叫太多了，那么需要作出改变的人，是你。

建议2：描述行为，别贴标签。

在《芝麻街》（*Sesame Street*）一书中，有一次，饼干怪兽（Cookie Monster，蓝的那只大个子）被诬陷了，有人说他撒谎和偷了饼干。饼干怪兽感到非常沮丧和失望，它说："虽然我很贪吃，但我没有说谎。"

当孩子做错事的时候，我们家长应尽量以积极的表达方式去描述他的行为，而不要给他贴一些典型的标签。例如，当他偷吃了巧克力时，要避免使用小偷、撒谎等消极标签，而是去描述事件本身："你没有经过爸妈的允许／你违背了我们之前的约定，自己吃掉了额外的巧克力。"

这样的描述有助于减轻家长自己的愤怒，也能避免给孩子贴上"坏"的标签。后者可能会导致事情越来越糟糕。

建议3：无论发生什么，试着去理解孩子。
培养情感健康孩子的关键在于——理解。

换句话说，就是不论何时，父母都要尽量去弄清孩子的需求是什么。无论发生了什么，试着找出孩子错误行为的根源——为什么她不喜欢穿鞋，或者为什么她会发脾气——然后适当地调整你的教育方式。

聪明的父母会问"为什么"孩子做错了事，并试图找出这些错误行为背后的原因。你对孩子的同理心，也是对孩子的良好示范，可以让他逐渐建立起对他人的同理心。

建议4：多关注孩子，但每次关注时间不必很久。

3岁的孩子总是试图把手机从你手里拿出来，在你敲键盘时他也会敲键盘，或者翻遍你所有的衣服。其实，对于孩子来说，这样做真正的原因——在于他想要得到你的关注。

如果你想洗衣服或是离开一下、查收邮件或者做别的事，孩子都会以各种方式打扰你——吸引你的关注。所以，当你意识到小家伙们正试图引起你的注意时，给他一小会儿的关注时间。

在这里我建议父母可以看着他的眼睛，问他一些问题，听取他的回答。此时，记得用肢体语言表达你的注意力，比如放下手机。你一边听取他的回答，一边想想下一步该如何引导他。

建议5：巧妙地转移孩子的注意力。

一旦你发现孩子有一些不太好的意图时，尽早转移他的注意力。首先问问自己，为什么孩子行为不端？他们真正想要的是什么？

如果孩子出现攻击性行为，那么还需要将他们迅速带离现场。例如，如果一个孩子正在抢夺玩具或者大喊大叫，那么带他们去户外骑一会儿自行车就是个很好的办法；如果孩子躺在地上抱怨，那么他们可能需要父母的关注以及从事一些安静的活动，例如，和他们一起读一本书。

建议6：经常和孩子进行肢体接触。

绝大多数3岁的孩子每天都需要很多拥抱，即使你对此还有些羞赧。每天有空时，记得放下手头的工作，拥抱孩子。别忘了说"我爱你"，尤其当孩子表现不佳时。

迈阿密大学抚触科研中心（TRT）的研究人员指出——人体的皮肤和胃一样，需要通过抚摸和接触来消除饥饿感。

幼年时缺乏父母的爱抚，尤其是妈妈爱抚的宝宝，成年后缺乏伴侣爱抚的人，都容易患上所谓的"皮肤饥渴症"，同时也更容易陷入孤独、忧虑等情绪。

建议7：孩子可能是惯犯，父母应该对此有所预期。

和成年人一样，孩子也会有行为不端的模式，会一次又一次地犯同样的错误。

回想一下，你是不是每天早上都要为给孩子穿什么衣服而与他斗智斗勇，或者因为他老喜欢把饭菜洒在桌子上而生气？孩子就是会犯同样的错误，在遇到此类事情时，父母应该及早出手干预，给孩子提供一些父母能接受的选项，鼓励孩子做出正确的选择，就能有效避免问题。

有个3岁的孩子，每次上安全座椅之前总会大吼大闹，因为他知道自己这样做可以控制整个家庭——直到他被"绑"在安全座椅上，车子才会开动。他越是拒绝，其他家庭成员就越生气，而他自己会觉得自己的权力越大。

有一天，这位妈妈说："如果每个人都说三次'我爱你'，你能乖乖坐上安全座椅吗？"3岁的小男孩想了想，说："好吧，但你要说五遍。"于是，通过给他的"控制"制造一点儿小麻烦，这位妈妈就控制住了整个局面。

建议8：设定明确的期望。

父母和孩子可以共同制订一份明确的家庭规则清单。由于这份清单需要让3岁的孩子了解清楚，所以需要把规则制订得简单明了一些。每天结束时，可以全家一起讨论一下规则的执行情况，并在晚餐或就寝时间表扬他今天都做到了哪些。

建议9：教导孩子服从。

"子不教，父之过"，没有孩子的天性是顺从父母的。3岁的孩子大都会发展出自主性，并会下意识地进行反抗。因此，我们要教给孩子，当他们听话、按照你说的去做时，就会得到表扬和积极的鼓励。

建议10：表扬努力，而非结果。

试着以正确的方式积极、反复给予孩子表扬，但要以正确的方式进行。作为父母，我们要尽量表扬孩子的努力，而非结果。因为过多的赞美实际上会对孩子的成就产生相反的影响——这会把门槛设得太低，导致他们害怕失败。

建议11：当所有的事情都失控的时候，让孩子去暂停一下。

父母要尽量控制好自己的情绪，和孩子一起积极暂停（Time-out，一般是指对着走动时钟站够约定的时间）一会儿，如果他不肯自己去，就带着他去。当孩子在你带他过去的时候踢你、尖叫，温柔地告诉他——你爱他。此时，父母要尽量克制住和孩子辩论的冲动，说清楚为什么让他去暂停（罚站）的理由即可。他才3

岁，本来就是不讲道理的年纪。

建议 12：照顾好自己。

如果你觉得自己濒临情绪失控，尽量去寻求帮助。例如，可以和朋友或者另一位家长探讨一下具体的情况和下一步该怎么办；走到别的房间里休息一下。

记住，3 岁很快就会过去，即将到来的是"令人信赖的 4 岁"。

指令一致，
与4~5岁"冒险家"的沟通技巧

这一阶段的幼儿像是一个"冒险家"。

4岁的孩子将面临更加独立的内心世界，以及更加开放的外部世界，他们总是在探索——并进一步地探询关于一切的答案，与家人的互动沟通，将有助于塑造他们的个性，以及批判性思维。

在这一阶段，孩子们的精细动作和大运动能力都会得到巨大提高，同时他们也会发展出初步的审美意识，注意到男孩和女孩之间的区别，并能更加深入地融入社交生活，与此同时，他们也必将面临一系列的挑战。

4~5岁儿童的特点

经过前三年的发展，4岁的孩子不再满足于家庭和校园生活，他们会开始无处不在地探索。他们喜欢到广袤的大自然中进行无拘无束的探索，运动能力的发展也让他们开始会使用安全剪刀，并开始使用各种交通工具，比如儿童自行车。

这阶段的孩子也许愿意自己独立收拾房间，独立拼搭玩具，并且独立选择自己想穿的衣服。

在沟通时，我们需要和孩子保持清晰明确并前后一致的指令。这一阶段的孩子已经发展出了心理理论，可以开始学习换位思考和同理心。父母可以尝试向孩子解释自己的感受和想法，并展示出我们对他的期望。每当我们告诉他不要做什么事时，还应该继续跟进，告诉他应该做什么。

当孩子遇到令自己沮丧的问题时，家长可以通过拆解难题，来帮助他逐步地解决挑战。当孩子不再满足于父母提供的简单选择时，可以引入行为的后果，帮助他建立初步的责任感。

培养孩子的注意力

注意力在心理学中是一个很大的课题，有学者从认知神经科学、流体智力等不同角度对此进行了理论假设和实验，偏重不同，但学界普遍认同的一点是：集中注意力的关键，是大脑认知资源的合理控制和分配。

也就是说，是否能集中注意力——是由你自己来决定的。要把注意这个认知资源投向哪里，以及如何去分配给不同的事物以不同的关注度。

比如，你正在开车，那么你同时要注意前面的路况，还要注意后视镜里后面的车况，要注意仪表盘上的时速，可能还要听听手机导航指示的方向——你看，即使你把注意力高度集中在开车这件事上，其实也不是集中在唯一一点，而是需要同时分配给几个要点的。

实际上，注意力是由先天决定的，但在后天也能通过一定的训练得以修正调整。以下一些方式对孩子的注意力发展是有效的，包括：

亲子陪伴。当爸爸妈妈们更多地、专注地陪孩子大声朗读、玩耍和发展社交情绪的时候，这些孩子会更少地出现注意力问题。尤其对于0～3岁的宝宝来说，父母在亲子阅读、玩耍、情绪管理方面的陪伴和教育，能让他们更好地控制自己的行为，更少地出现攻击行为，也表现得更为专注。

呼吸练习。妈妈可以每天多次让孩子安静下来，一起深呼吸一会儿。这种呼吸和运动冥想能帮助孩子改善注意力和行为，对孩子的焦虑、抑郁、学校表现、睡眠、行为问题和饮食失调都能有一定程度上的调整，从而预防和治疗某些疾病。

规律作息。让孩子在固定的时间上床休息，能维持正常的节律和生物钟，研究发现规律的生活能让孩子在学校里更好地集中注意力。

这一阶段的亲子沟通，父母需要从"主导事情的发展"中退出来，跟随孩子的主导去完成某件具体的工作。

例如，放手孩子去观察自己感兴趣的物品，再提出观察要求，让他们带着目的去观察和探索。通过洗手、坐下、安静等系列动作，告诉孩子需要集中注意力了，在此期间家长和孩子都应该专心从事某一件事情，尽量隔绝外界的干扰；在生活中对孩子提出自己穿衣服、自己吃东西等要求，家长予以支持和鼓励，让孩子慢慢完成一个个的小任务，再逐渐将一系列的小任务结合成一个大型任务。

与此同时，我们还可以鼓励孩子参与现实游戏，训练注意力。将游戏引入生活，例如，玩"剪刀、石头、布"的游戏来决定谁先选玩具；以"第一""第二""现在交换"等巧妙的提示来激发孩子参与生活事务的积极性，提高孩子倾听的能力和注意力；带着孩子共同进行手指游戏、模仿游戏，让孩子将注意力同时集中和分配在看、听、做同一件事上。

即便是4岁的孩子，他们的内在节奏感也是远慢于成人的，尤其是性格内向和不喜欢运动的孩子。当孩子在进行自己喜欢的活动时，家长如果需要他停下来，就要给孩子留出过渡时间，让他们有所准备，好让孩子慢慢地转移注意力。

遇到困难就放弃该怎么办？

孩子会在这一阶段尝试各种冒险，以试探自己能力的边界：我能做什么、跑多快、如何影响父母的决策，等等。但当他们的冒险以失败告终时，就很容易失去信心。

有位爸爸说，他家孩子现在4岁零5个月，就读于幼儿园小班。爸爸觉得孩子做事时注意力不太好，总是东张西望，没有耐心，一件事情做不好就会显得格外着急，遇到困难就放弃，这让他很是头疼。如果孩子遇到一件事情不如意，就开始流眼泪怎么办？比如下面这个场景，孩子每天在家学习一个小时，学习的过程不怎么开心，孩子不仅坐不直，脸上还毫无表情，应该如何教育孩子呢？

这位爸爸看到的是一个令人头疼的4岁孩子，我看到的却是一个不快乐的孩子。

现在的孩子和家长，都面临着沉重的压力，尤其和周围人一比较，生怕孩子学不会，学太晚了，跟不上，哪怕孩子才是幼儿园中班，也要在家里开课，希望孩子顺利度过幼小衔接期。

那么，目前市面上的幼小衔接都包括什么内容呢？语文——主要是拼音和识字；数学——据传小学的入学标准是学会100以内的加减法；英语——据说是要学会简单的日常会话。这些内容对4岁半的孩子来说——太难了。

如果不符合孩子的认知发展和成长规律，过早地进入抽象符号地学习，只会让孩子失去学习的兴趣，觉得自己这也不会、那也不懂，从而越来越消极，缺乏学习的动力。退一万步说，即使通过大量的练习和反复记忆学会了，再过一年以后，孩子花1个星期就能轻松学会的内容，为什么要现在花费1～2个月的痛苦、打骂来完成呢？

更重要的是，家长所做的一切，都是在削弱孩子的内在动机，让他从小就开始厌恶学习，至少厌恶当前的学习方式和氛围。

既然后果如此严重，那么，我们还可以在家提前教幼儿园的孩子学习吗？当然可以，但要注意以下几点：

第一，符合孩子的认知发展。

比如，教数学时，不要一上来就用抽象符号，让孩子做练习题，而是要以孩子能理解的方式进行。可以在孩子面前放一些糖果或玩具，让孩子和你一起"抢"，看每个人能拿到几颗糖，这样教加减法能够有让孩子觉得更有趣。

与之类似，利用数手指、数小棒、数积木等锻炼孩子的加减运算能力，孩子会很喜欢。

第二，以游戏的方式进行。

孩子是在游戏中学习的。将英文单词的学习变成——比比看谁先说出来，妈妈说单词宝宝能否找到的游戏；将数学中的比大小变成贪吃的鳄鱼，哪个大就吃哪个，孩子就会喜欢玩，也记得牢。而语文的学习可以通过讲故事——利用故事让孩子记住

"一二三……"，而不是仅仅拿着识字卡让孩子死记硬背。

第三，降低挑战难度，让孩子建立学习的信心。

研究发现，大学生喜欢挑战高难度的任务以获得最高奖金，但幼儿园孩子只喜欢挑战一点点难度的事情，否则就容易放弃。即便如此，幼儿园的孩子依然会高估自己的实力，出现挑战失败的情况。

父母在教授孩子知识时，也需要将我们认为很简单，但对孩子来说很难的知识点打碎，让孩子在一步步成功的挑战中建立信心。

父母教授时要多给孩子讲思路，讲方法，讲自己的理解，而不是要求孩子死记硬背。只有这样，孩子才会获得一点点的挑战成功、一点点的满足感和自信以及一点点积累起学习兴趣。

第四，让孩子意识到学习的价值——重视知识的运用。

学以致用，此话不假。去过英语使用区，孩子才知道学习英语，就能在国外也吃到好吃的、玩到好玩的，所以会努力去学他想说的话——对我家来说，就是各种食物的名称；

学会认字，就能慢慢看懂标识牌、故事书、商品标签。一旦发现孩子认识的字，就提示孩子，让他说说写的是什么——原来这个就是巧克力，原来这里不能去，从而让孩子获得自信，想认更多的字；

至于数学，我家的玩法就更多了。小萌喜欢玩打仗的游戏，我们就用数字和他比拼：我出3个兵，你要出几个才能打败我——这是比大小；现在我又来了5个兵，一共多少个兵——这是加法；有2个兵被打败了，还剩几个兵——这是减法；我的兵以一挡二，所以你要派几个兵——这是乘法和比大小……

小萌很喜欢数学，因为他知道只有学好了数学，才能打过妈妈派出的各种兵。

小萌现在4岁8个月，很爱学习，但他却感受不到自己在学习。对他来说，学习就是玩，学习就是游戏，学习就是听故事……至少，他在学习的时候是开心的。并且对此充满了兴趣。

教育从来都不是一件轻松的事。父母不是老师，也许很难像教课一样将知识点讲透、拆分细致，但我们能做的还有很多很多，比如不断鼓励孩子努力，比如以趣味性、游戏性的方式引入孩子的学习，比如告诉孩子学习能给他的生活到底带来哪些立竿见影的短期好处和长期优势，等等。

我是相信快乐教育的。

但这种快乐教育并非是让4～5岁的孩子始终快乐地学习，而是让孩子在我们的帮助下通过一个个的小挑战解决问题，甚至在日复一日看似重复的积累中提升自己的能力，从而获得满足感、自信和快乐，以及持续学习的内在动机。

价值感与归属感，
与5岁以上"探索者"的亲子沟通

这一阶段的幼儿已经从"冒险家"升级到了"探索者"。

相较于之前近乎莽撞直接的冒险，现在的他们已经从一次次的跌倒和失败中学会了如何谨慎地探索世界。这一阶段的孩子表现出来更强的独立性，甚至开始思考未来团队合作，自己的未来，死亡等问题。

5~6岁儿童的特点

这一阶段的孩子显现出快速发展的心理活动，并且会用更好的方式来描述自己的经历，阐述自己的想法和感受，与此同时他们也会减少对自我的关注，而更多地去关注他人。

在国内，5~6岁的孩子要面临幼小衔接的学业问题，普遍开始感受到最初的学业压力。

亲子沟通要点

面对这些探险家，家长需要帮助他们获得价值感和归属感，包括：

（1）表达对孩子的爱，当他成功完成某件事时，肯定他的努力和成就。

（2）帮助孩子形成责任感，例如在家庭生活中邀请他做家务，比如摆好椅子等。

（3）经常与孩子谈论学校、朋友、未来的期望、尊重等，并鼓励他去帮助别人。

（4）帮助孩子设定可以实现的目标，这能帮助他获得胜任感，并减少对他人的认可或回报的索取。

（5）教孩子学会等待，例如让更小的孩子先走，或者在出去玩之前需要完成一项任务等，都能帮助孩子锻炼耐心。同时，我们还需要常常鼓励孩子在采取行动之前考虑到可能的后果。

（6）在家庭会议上制订明确的规则并遵守这些规则，例如，孩子可以看多长时间电视或何时必须上床睡觉。同时，向孩子解释这些规则背后的意义。使用规则来限制孩子，通过引导让孩子达成良好的行为，而不是通过惩罚使孩子厌恶自己。

（7）坚持亲子陪伴，哪怕每天只放下手机10分钟，陪孩子做一件有趣的事，例如，玩游戏、阅读和参加活动等。

（8）积极参与孩子的学校生活，例如，与老师积极沟通，了解教学目标，加强家园合作。

（9）关注孩子的积极行为，尤其要关注孩子可以改变的方面，而不是无法改变的特征，例如，先天外貌等。

（10）支持孩子应对新的挑战。鼓励他自己解决问题，例如，当与另一个孩子发生分歧时，家长可以先不插手干预，而是让孩子自行探索彼此的社交边界，积累解决问题的经验。

对延迟满足能力的争议

所谓延迟满足，就是能够等待自己需要的东西的到来，而不是想得到什么就立刻得到什么，这是一个很通俗的解释。

实验者给4岁被试儿童每人一颗棉花糖，同时告诉孩子们：如果马上吃，只能吃一颗；如果等20分钟后再吃，就能吃到两颗。有的孩子急不可待，把糖马上吃掉了；而另一些孩子则耐住性子、闭上眼睛，有的孩子则用自言自语或唱歌等方式来转移注意力——以便消磨时间克制自己的欲望，从而获得了更丰厚的回报。

在美味的"奶糖"面前，所有孩子都会经受考验。

十几年以后，研究者再考察当年那些孩子的表现。他们发现，那些能够为获得更多棉花糖而等待的孩子要比那些缺乏耐心的孩子更容易获得成功——延迟满足能力越强，更容易取得成功。

那么，我们是否要帮助5～6岁的孩子培养延迟满足的能力呢？

虽然实验结果非常奇妙，但近年来，也逐渐出现了质疑的声音。

有人提到，实际上当年参加棉花糖实验的孩子，都来自斯坦福大学的宾格幼儿学校，这里的孩子都是斯坦福大学教授或研究生的子女。

最初设计实验的时候，实验人员也没打算做长期观察，之所以会进行进一步研究，是因为他自己的几个孩子也在宾格上学，能够找到原来参加实验的那些人。在20世纪80年代的后续研究中，研究者虽然找到了当年参与实验的185人，但其中只有94人愿意提供学习成绩，所以其实他并不清楚那些不愿意提供成绩的人究竟在测验里得了多少分。

至于孩子们对面前的棉花糖吃掉与否的选择，罗切斯特大学的几名研究人员专门做了研究，并发表在了2013年1月的《认知》期刊上。研究认为，有些孩子是因为觉得研究者不会给他们第二颗棉花糖了，所以才会选择立马吃掉面前的棉花糖，所以吃与不吃这件事可能跟延迟满足及自我控制能力的关系并不大，反而跟孩子的信任感有直接关系。

虽然延迟满足能力对个体长远的未来以及人生成功的影响需要打个问号，但大多数研究者还是认可延迟满足的能力（或者叫作自我控制力）确实会影响儿童各方面的表现。

有研究者认为，延迟满足对儿童教育和学业表现有重要影响，延迟满足能力能够促进儿童的学习，提高儿童对信息加工的能力，并且也建议对儿童进行延迟满足的训练。

除了学业之外，还有研究者发现，肥胖儿童与正常儿童在对食物的自我控制能力上是存在明显差异的，所以让宝宝尽早学会正确吃饭具有深刻的意义。

虽然延迟满足的能力很重要，但对孩子的需求不能样样都进行延迟，应该是延迟满足与及时满足相结合，才能真正培养出属于孩子自己的自控力——让孩子在满足与延迟的交替中获得更好的心智成长。

1. 安全感是自控力的基础。

当孩子不相信研究人员会履行再给他一个棉花糖的承诺时，他会选择直接吃掉面前的棉花糖，而这种信任或不信任实际上反映了——孩子在日常生活中体验到的安全感程度，也就是父母给予孩子的安全感。

比如，在商场里，孩子看中了一件玩具非常想要，但父母觉得家里已经有很多玩具了，而这一件与之前的也没什么区别，于是拒绝了孩子的要求。孩子开始耍脾气甚至哭闹，于是父母试图通过转移孩子的注意力来安抚孩子，但不太奏效，于是父母说："你看，咱们今天没有带够钱，今天先回去，等下次有钱了再来买。"但实际上，父母心里非常清楚，绝对不会有下一次了。

很遗憾，这种行为不仅是对亲子信任的破坏，还是对孩子自控力的一种破坏。自控力会随着孩子年龄的增长而增长，但对于心智尚不成熟的低龄儿童而言，他们只会思考眼前——可触摸并确定的东西，因此只有当他们知道父母的承诺一定会兑现时，他们才可能会发挥自己稚嫩的自控力。

但这种哄骗的行为毫无疑问会让儿童对未来的收获产生直接怀疑，从而抛弃得到两颗棉花糖的可能性，直接吃掉放在眼前的棉花糖。所以，各位父母要严肃对待自己给孩子的承诺，承诺了就一定要做到，做不到的就一定不要承诺。

2. 妈妈对孩子的自控力有重要作用。

在中国，妈妈与孩子会有更长的相处时间，因此有研究者（陈会昌，2005）[1]研究了2岁儿童自我控制与家庭因素的关系。研究结果显示——母亲的教养态度能够显著影响儿童的自我控制行为，而母亲适度拒绝的行为则有利于儿童延迟满足能力的提升。

从宝宝出生，妈妈们会更多地承担照顾孩子的工作，与孩子之间的关系也会更为紧密一些，因此要想帮助宝宝提高自控力，

---

① 陈会昌、阴军莉、张宏学：2岁儿童延迟性自我控制及家庭因素的相关研究 [J]。心理科学，2005(02)：285-289

做妈妈的必须先学会建立合适的教养标准——既不能一味满足，也不能一味剥夺。

3. 爸爸的参与非常必要。

爸爸们在孩子游戏过程中会直接地提出要求，并让孩子依照规则游戏；同时他们之间的互动会有更多剧烈的、冒险性的身体活动。这些都是爸爸能够给予孩子的，而这些都有助于帮助孩子克服自身的缺点，学会利用已有条件来面对外部世界，也有助于培养孩子的规范意识。

在延迟满足方面，研究者（聂晋文，芦咏莉，2014）[①]发现：即使排除掉母亲的作用、儿童性别等因素的影响后，父亲的参与对儿童延迟满足能力也是有显著影响的。所以爸爸们要多陪孩子们玩耍，对于年幼的孩子们来说，玩耍是他们的必修课，有爸爸做导师，他们能在这个过程中学到更丰富的内容。

我非常理解父母望子成龙，望女成凤的心情，但是成功并不是某一项能力主宰的事情，还要看孩子的性格、智商、兴趣、外部机遇，等等方面。借某些事情顺便培养一下孩子的能力是没有任何问题的，但为了培养孩子延迟满足的能力就故意不答应孩子的要求是错误的做法，宽严适度，不溺爱不忽视，才是更有助于孩子成长的做法。

如何与孩子谈论死亡

很多家长不知道该如何和孩子谈论死亡这一话题。

---

① 聂晋文、芦咏莉：父亲参与对儿童延迟满足能力的影响：儿童性别的调节作用 [J]。心理发展与教育，2014(02)：121-128。

是的，交谈并不能解决孩子关于死亡的疑问——但如果不和孩子谈，他们的困惑可能更大。我们如何对孩子进行死亡教育，该说什么，什么时候说，其实取决于孩子的年龄和经历，也取决于我们自己的经历感受和处境，因为每一个人所面临的情况都有所不同。

孩子对死亡是有意识的。

早在我们和他们谈论之前，他们可能就意识到了死亡的存在。他们可能看到过死去的鸟、昆虫或者动物，也可能在电视上听说过关于死亡的新闻，即使是在童话故事中也不乏死亡。孩子会以为父母是无所不知的，即使对于死亡也是如此。如果我们无法回答他们关于死亡的一切提问，孩子多少会感到不舒服和不适用。

在最初的慌乱和恐惧过去以后，孩子会对生命和死亡有越来越平静的态度。

接受死亡可能是一个终身的过程，我们可能会在不同的生命阶段找到不同的答案，每当想到这个话题时，也总会感到不确定和恐惧。曾经，死亡是人们生活中不可或缺的一部分，我们所爱的人死在家里，我们一起悼念和安慰他们。但是，今天越来越多的人死在医院和疗养院中，很少人有机会和所爱的人分享生命的最后时刻——这一切的一切都让死亡变得更加孤独。

研究发现，影响儿童关于死亡看法的因素主要有两点：

一是他们的发展阶段。

二是他们的经历，包括所处的环境、此前的经历、种族、宗教和文化背景等。

0～5岁的孩子通常认为死亡是可逆的、暂时的、非个人的。在观看一些卡通动画片时，发现这些人物被压碎后还能奇迹般的恢复，这样的媒介内容往往会强化这一观点。这也是为什么要避免孩子过早观看暴力情节的媒介内容，这容易让他们视生命为儿戏。

5 ~ 9岁的孩子，会逐渐意识到死亡是不可逆的，所有生物都会死亡，但是大多数人仍然不认为死亡是个人的，他们认为自己总是有办法逃脱这样的结局。在这个阶段，孩子们可能会把死亡和死神等联系在一起，有的孩子还会因此而做噩梦。

9 ~ 10岁的孩子开始进入青春期，他们会逐渐理解死亡是不可逆的，所有的生物都会死亡，总有一天自己也会死亡，由此他们开始发展出自己初步的哲学观点。

那么，我们应该如何和孩子谈论死亡呢？——当孩子提问时，或者参与到和死亡相关的事件（如丧葬礼、扫墓等）时，我们就需要和孩子谈一谈了。

做好准备应对孩子可能出现的各种情绪和反应。无论我们如何应对，孩子都会感到不安，甚至生气。我们需要完全接受孩子可能出现的情绪反应。在他们有时间处理最初的创伤后，我们会有时间重新谈论这个话题。

不要避讳，明确地使用"死"或"死亡"这两个词。许多人觉得直接说出"死亡"会令人不舒服，因此倾向于使用委婉的说法，例如"去世""睡着"等词语，但研究表明，使用现实的词汇来描述死亡，有助于孩子从悲伤中平复过来。

提供给孩子能接受的信息。家长可以通过每次提供一点点信息，来衡量孩子是否能处理和接受。具体的做法是，孩子问什么，我们就回答什么。

不要害怕说"不知道"。 在失去亲人或者宠物的心痛时刻，告诉孩子你可能不知道某些事情，并不是一件不好的事。但我们可以尝试告诉孩子自己所知道的确定的事，例如"猫咪是怎么死的""为什么舅婆会哭得如此伤心"，等等。

允许自己和孩子哭。 在我们感到悲伤的时候，可以哭出来，甚至和孩子一起哭。这时，哭泣是健康的，我们借此发泄情绪，会感到好一点儿。

让孩子参加一些仪式。 我们可以让孩子为纪念活动挑选照片、歌曲等，这将帮助他们获得对创伤性损失的控制感。

允许孩子以自己的方式悲伤。 有的孩子会保持沉默，有的孩子会放声大哭——这都是正常的。孩子可能感到很孤独，也有的孩子似乎看起来无动于衷——这些都很常见。关于悲伤，世界上并不存在普适的正确表达。

让孩子为未来做好准备。 谈谈在我们失去所爱的人或动物以后，将如何继续生活下去，也许一些纪念日和庆祝活动会被改变，但要为此做好准备。

准备好经常谈论你的想法和感受。 在接下来的几天、几周甚至几个月里，我们可能都要面对死亡这个话题。因为，哀悼是一个持续的过程，而并非是一个孤立的事件。

照顾好自己。 作为父母，我们有时会忘记在这段时间里照顾好自己。孩子们会学习他们所看到的，所以在这个关键时刻，我们要努力成为自我照顾的榜样。

让父母最有挫折感的
12个问题大解析

哭闹

大约8年前，我曾就职于一家顶尖的互联网研究咨询公司，当时我们搜集的网络舆情显示，爸妈们在网上提得最多的与宝宝相关的问题——哭闹。

我们常常对情绪失控的孩子一无所措。当他们在公共场合大肆哭闹、摔砸东西，甚至不惜以头撞地时，那场面不仅可怕难堪，更令身为父母的我们异常心疼。

那么，当孩子情绪失控时，我们该如何处理呢？要解决这个问题，首先让我们来看看孩子是如何从平静变为情绪失控的。

孩子的情绪失控，有三个阶段，很少有孩子会一上来就突然开始哭闹和发脾气。实际上，通过观察我们发现，孩子的情绪失控，通常是逐渐累积的，可以大致分为以下三个阶段：

第一阶段，孩子感受到挫折和沮丧。

孩子消极情绪的萌芽，大多来自受挫感和沮丧。

比如孩子放学后，试图跟你讲述今天上课时老师用粉笔头扔自己了，而我们并没有站在他的角度去思考问题，反而站在成人的立场上，询问孩子是不是上课不注意听讲了，所以老师才出手，等等——这会让孩子感到自己不被理解，从而感到沮丧。

比如孩子正在看动画片，但规定的时间到了，我们在动画片就快演到结局之前，突然抢走了孩子的平板电脑，让他洗漱睡觉——这会让孩子感到受挫，想做的事情做不到，从而萌发出受挫感。

这一阶段，孩子通常只是在心里感觉不爽、生闷气，但并不会爆发出来。

第二阶段，是孩子开始发脾气。

从受挫到发脾气，一定是有其他因素加入了进来，比如新的导火索、父母依然站在对立的立场上等。

比如孩子被父母诘责上课不好好听讲，所以才被老师扔粉笔头时，已经感受到不被理解的沮丧，此时父母又开始喋喋不休地说起注意力不够可能会影响成绩，成绩不好可能会取消周末的某项活动——如此发展下去，负面情绪便会一步步地在孩子心里叠加起来，就像滚烫的地底岩浆一样，随时可能会从火山口喷涌而出。

比如孩子刚被收走了动画片，刷牙的时候又遇到最喜欢的牙膏用完了，家里只剩下他不喜欢的味道——这时，孩子可能会突然在牙膏口味不对这个看似荒谬的点上开始发作，不仅坚持要以前的牙膏味道，甚至还会把新牙膏扔掉。

这一阶段，孩子会通过语言和行为来表达自己的不满，发泄负面的情绪，也就是我们所看到的情绪问题。

第三阶段，是孩子的情绪失控，甚至是歇斯底里的发作。

从发脾气到情绪失控，孩子的大脑已经形成了一个恶性的回路：

"很生气－发脾气－想到令自己很生气的事－再发脾气－再想到令自己很生气的事……"

研究人员认为，此时孩子的大脑就像磁带卡带一样——卡壳了，无法听进任何规劝，甚至会大打出手。这时，主导情绪、人际关系、反应灵活度、直觉、思维视觉、自我意识、逃避恐惧、道德品行等的理智脑，也就是我们大脑前额叶皮层罢工了，孩子开始显露出自己的动物脑和原始脑，不仅变得不理智、情绪化，而且无法调控自己的情绪，并任由自己的语言和行为伤害自己和他人。

教孩子控制三个阶段的情绪

根据孩子情绪失控的阶段，教给他们控制情绪的方式也有区别。下面让我们来看看，如何教孩子管理不同阶段的情绪：

第一阶段，当孩子感受到挫折和沮丧时，我们可以询问孩子，甚至替他们说出当下的情绪感受。

"老师用粉笔头打了你，你是不是觉得有点受伤，而且当着全班同学的面还有些难堪和尴尬？"

"妈妈收走你的动画片，你是不是觉得有点生气，因为你本来还想继续看下去的？"

不要小看似乎一目了然的事实。当我们把"屋子里的大象"说出来时，孩子会意识到自己到底在哪里受挫了，这也能帮助他挣脱当下的情绪。

甚至不用冗长的事实描述，只需要点出现在的情绪感受，是难过还是伤心，是尴尬还是生气？对情绪进行命名，也能让孩子意识到情绪的存在，以及对自己言行的影响。

第二阶段，当孩子的挫折和沮丧升级到发脾气时，我们也可以帮助他们平复下来。

没有孩子生下来就喜欢无理取闹，他们只是有了想要的，又得不到，所以产生了挫败感和沮丧感。

当成人受挫时，也一样会有生气、失望、伤心等消极情绪的产生，但我们成人知道如何去排解这些情绪，而孩子们却不会——他们大多数时候只会用哭闹蹦跳，甚至打砸东西等行为，来发泄自己的负面情绪。

这时我们可以试着去了解孩子的需求，尽力帮他解决问题，从而让孩子的理性脑回归，恢复理性。

首先，我们完全接纳他的情绪，可以生气、可以愤怒、可以伤心、可以失望；

其次，建立一些温柔的肢体接触，例如，握住他的手、轻轻抱住他，让他了解你是关心他的；

再次，帮他表达出自己的情绪，在和他的沟通中，通过猜测、提问等方式了解他的真实需求；

最后，在和他的沟通中，建立新的规则，或者找到父母和孩子双方都能满意的解决方案。

第三阶段，当孩子情绪失控时，我们需要将他从失控的状态拉回来。最直接的拉回方式——就是解开令他情绪卡壳的结。

比如，将孩子火速带离现场。如果孩子一直看到平板电脑在自己眼前，就会一直联想到自己的动画片被关闭的瞬间，于是负面情绪反复升级。

此时，将孩子迅速带离现场，就有助于孩子冷静下来。

这里我想跟大家介绍一个特别有用的——舒适区域。在平时为孩子建立一个舒适区域，也许是一个大大的纸箱子，也许是房间的一角，并按照孩子的意愿，将其布置成孩子喜欢的样子，再放一些孩子喜欢的玩具。

当孩子情绪失控时，我们可以询问孩子是否愿意去自己的舒适区待一会儿。如果孩子继续维持原有的状态，我们家长可以先回到自己的舒适区，并鼓励孩子回到他的舒适区——这里有令他开心的一切，更容易让他产生积极的联想，从而平静下来。

父母的角色至关重要

家长需要知道的是，发脾气是一种非常常见和正常的行为。宝宝在刚出生的头几个月，通常只能用哭闹来表达自己的需求。然而，随着他们成长，哭闹除了需求表达外，也可能成为他们用以达成目的的工具，亦或是发泄情绪的工具。

作为父母，我们要尽量避免给孩子这样的讯息，即通过发脾气或者暴力可以得到他们想要的。取而代之的是，我们能用自己的言行告诉孩子，会有更好的方式来处理问题。

父母以身作则很重要，因为孩子们是从我们的行为而不仅是从我们的语言中学习的，所以如果我们想教会孩子如何不用暴力去解决问题，首先我们自己应该做好示范作用，也就是说当我们发脾气的时候不要采用暴力，同时也要教会孩子如何用积极的方式去处理发脾气的行为。

但孩子情绪失控时，父母需要做的事包括：

保持平静。如果我们自己发火，孩子同样也会学会发火，所以我们自己先冷静下来，然后想想到底发生了什么。

帮助孩子冷静。有很多办法可以让孩子冷静下来，或者学会如何冷静下来。对于父母而言，我们需要尝试到底哪种方法最适合自己的孩子，例如：

先让孩子发泄完。如果孩子并不会对别人造成威胁，这时候我们可以任由他先发完脾气，切记这时候不要忽略孩子，但也不要参与进去，我们把这称为——让孩子的风吹走你的帆船。这时候我们不能去对抗孩子或者放弃。我们可以试着告诉孩子你现在在哭泣，我还不能跟你说话，但当你发完脾气了，我们可以来谈一谈。

温柔地说话。可以靠近孩子，然后放慢语速，小声和他说话。理解孩子，并且温和地处理一切，我们可以说："是的，没错，我理解你，你会好起来的，我就在这陪着你。"

温柔地抱住孩子。有的孩子在发脾气的时候喜欢身体接触，这时候我们可以将他温柔地抱在怀里，直到他冷静下来。非常重要的一点是，我们平时就需要经常在孩子开心的时候抱着他，否则他可能会为了吸引我们的注意力或者得到拥抱而故意发脾气。

如若孩子发脾气的时候，会对他自己或者别人造成伤害，这时候我们可以将他紧紧地抱住，控制他的这种发泄性行为，但是动作仍需轻柔。可以一边抱住他，一边低沉而缓慢地跟他说："是的，没关系的，现在我们一起来深呼吸。等你冷静下来，我们就可以来谈谈如何让你得到自己想要的东西了。我不想你伤害到自己，所以等你冷静下来了，才能放开你。"

需要承认的是，有的孩子确实存在严重的情绪问题，如果没有人帮助他冷静下来，他可能会接连好几个小时都大发雷霆，这时候我们需要记住两点：第一，如果我们知道是什么导致了他的歇斯底里，我们可以避免下次去触动这些引爆点；第二，在平时就要多和孩子做冷静下来的练习。因为帮助孩子冷静的最好时机，就是他已经冷静的时候。

老人对孩子的哭闹妥协，父母该怎么办？

"妈妈，我好想要这个恐龙玩具呀！"小萌站在商场的柜台前对我说。

看了看价格，我低头对他说："小萌，咱们家里有好多恐龙玩具，今天就不买了吧？"

"可是我真的很想要这个绿色的霸王龙，"小萌说，"因为它特别特别的帅气。"

花400多块钱，就为了买一个恐龙玩具？我在心里默默地盘算了一下，再次坚定又温柔地对他说："咱家的霸王龙已经很多了，回头咱们把绿色的霸王龙拿出来玩儿不就好了吗？"听到自己的要求遭到了我的再次拒绝，小萌立刻便哭了起来，哭着哭着，他甚至直接趴到地板上去了。

这一哭，可就把原本在一旁逛街的姥姥给引来了。询问了事情的缘由以后，姥姥生气地瞪了我一眼，然后抱起小萌，一边拍着他的背一边对他说没关系，"小萌不哭，姥姥给你买好吗？"就在姥姥答应给小萌买恐龙的一瞬间，小萌立即停止了哭泣，破涕为笑，抱着姥姥开心地说道："好呀！谢谢姥姥，我最喜欢姥姥啦！"

在一旁的我，可是看得啼笑皆非。想笑吧，是因为孩子真的不装，一听到要求得到满足，立刻破涕为笑。想哭吧，是因为小萌在哭闹的时候，姥姥选择了立刻满足他的要求，如果之后我再拒绝他的要求，大概率他又会用哭闹来要挟了。

孩子一哭闹，老人就慌了神儿，为了不让他们哭泣，老人会立刻满足孩子的要求，这种事在春节过年回家的时候特别常见。而且，这种事情一旦发生过，小孩就会意识到，通过哭闹能够实现自己的需求，下一次再被父母拒绝时，就会下意识地用哭闹来要挟家长，以此获得自己想要的东西。

爱孩子的老人往往受不了小朋友哭；还有那些孩子一哭就指责父母没养好的老人，更是让人头疼。春节假期，阖家团聚，老人终于得以享受一阵儿孙绕膝的天伦之乐，但听见孩子声嘶力竭的哭声，总觉得心里不太舒服。有时候在和我们沟通时，也难免过激。

我有一个女性朋友，30年前的春节，在后海边看到小贩卖西瓜，跟她爸爸说想吃。一问价格，才知道一小块西瓜居然要5毛钱，那可是30年前的物价。她爸舍不得，就说不买了，于是她开始又哭又闹一定要买——结果，她被爸爸狠揍了一顿。时隔30年后，她家女儿哭着要买玩具，她正准备训一顿，结果她爸居然说她欺负孩子。

老人一烦躁、一心软、一妥协，又会强化孩子"通过哭闹去满足需求"的不良行为。作为父母，我们应该怎么办呢？

第一，我们需要迅速地将孩子抱离哭闹的现场。

一旦孩子开始哭闹，一定是当前环境中有刺激他哭闹的诱惑物，例如，可以看动画的手机，或者是心仪却又昂贵的玩具，甚至只是一根求之而不得的棒棒糖。在这样的场景中一直待下去，孩子的愤怒就会在脑子里卡顿，一直会处于我们在上文提到过的"想要－得不到－更想要－更得不到"的恶性循环中，孩子还会从轻微的哭闹变成歇斯底里的大吼大叫、撒泼打滚。因此，想要快速遏制孩子的负面情绪，应当将他抱到其他安静又人少的地方。

第二，帮助孩子控制情绪，冷静下来。

帮助孩子控制情绪的方法有很多，但是一定需要采取适合孩子的方式。成年人也许能通过深呼吸调整自己的情绪。如果小朋友在哭闹的时候不愿意听大人的指令，可以配上小朋友喜欢的音乐，例如，舒缓的歌曲或者是小朋友平时就爱唱爱听的儿歌，让他们将注意力集中在声音上。此时，父母再跟他们温柔地说话，他们就能听进去你的话，而不是任由自己的念头在脑海里盘旋了。

第三，和孩子商量解决方案。

孩子平静下来以后，先肯定他的想法，这样能得到他的信任。

在小萌哭倒在地上要恐龙的事件发生后，我迅速把小萌从现场抱走，等他平静下来后我问他："你是不是特别想要那个绿色的大恐龙？"

"嗯！"小萌点了点头，知道我已经了解了他的需求，于是慢慢地平静了下来。这时候我提出了其他解决方案，比如从网上买一个一样的绿色大恐龙，或者换一个小点儿的恐龙，或者买一本恐龙的书，等等，这些都更能够让孩子接受。

关键——孩子在哭闹状态下提出的要求，父母一定不能松口答应。否则，孩子会不断强化以哭闹来满足自己需求的方式，后期会越哭越厉害。

孩子在老人面前哭闹时，父母要做的第一件事就是：迅速带孩子离开现场！孩子离开了刺激源，又失去了可以通过哭闹要挟的目标——老人，父母再来解决问题，就容易多了。唯一可能有点尴尬的是，如果老人追在你后面跟着跑，有可能围观群众会以为你是抢孩子的……

所以，还是要提前和老人沟通好。

其实，大多数老人只要孩子不哭就行，为此他们可以采取各种非常规手段：答应买东西、答应看手机、答应吃糖，等等，这样做还不如由父母来试着说出孩子的心愿，找到我们和孩子都可以接受的替代方案，而不是一味满足孩子又闹又跳着提出的各式要求。

风靡欧美的情绪控制练习

在本节内容的最后部分，我想跟大家分享一下风靡欧美的儿童情绪控制练习。

练习一：情绪罐子

当你察觉到孩子生气的时候，拿出透明的、可密封的杯子。将热水和茶叶／亮片放入杯子，摇晃均匀。告诉孩子，现在你的情绪就和这个杯子一样，纷纷乱乱，那么，让我们一起来看看接下来发生什么吧！静坐下来，看着水中的茶叶／亮片慢慢沉底。

看似超简单的游戏，却非常有效。游戏的关键在于——将孩子的情绪形象地表达出来，让孩子了解到，原来我的心情是如此的嘈杂、混乱。然后再通过茶叶／亮片沉降的过程，帮助孩子厘清思绪，慢慢平静下来。之后，再和孩子就刚刚引起他发脾气的事情，进行讨论和下一步处理。

练习二：蝴蝶呼吸

当我们意识到自己不冷静的时候，通常会先深呼吸调整，再开始处理问题。但是普通的深呼吸，对孩子未必有用，所以就有了这种升级版的蝴蝶深呼吸。步骤如下：

当你察觉孩子生气的时候，首先肯定他的情绪，告诉他，现在他就像一只生气的蝴蝶。蝴蝶生气了会怎么办？当然是要到处飞了！这时，带着孩子一起，用双手当作翅膀，上下挥舞，边挥舞，边配合吸气和呼气。

很快，孩子就会平静下来。除此之外，模仿胀鼓鼓的气球如何消气、大风中摇摆的大树，等等，都很有效。试试看，看孩子喜欢哪个，愿意尝试哪个，再将其变成令孩子可以平静下来的习惯。

威胁

有的孩子从 3 ~ 4 岁开始就会威胁父母了，这种威胁比起孩子的不良行为，更令父母忧心。

有位妈妈说，一天早上，4 岁的孩子喝牛奶时慢吞吞，而父母又急着出门，所以她有点生气准备先离开。这时，孩子突然带着哭腔说："妈妈你再生气，我就会离开地球的。"孩子的话令妈妈非常震惊并且有些后怕。

回想起以前，孩子也有过类似的说法："妈妈你再生气我就打你！""妈妈你生气我就会骂你的！""你生气我就不跟你做好朋友了！"，等等类似的威胁。这些话当时都被妈妈及时制止并告诉他不可以再说，没想到他现在会说出更令父母震惊的话。

看得出来，孩子很怕妈妈生气，可是他惹父母生气的行为却没有得到任何改善，比如拖拉、不好好吃饭、贪玩，等等，只好通过撂狠话来寻求安慰，这位妈妈很担心，孩子这样的行为会不会慢慢演变成叛逆、逆反，并一发不可收拾。

如果父母只改变惩罚孩子的方式，未必能达到教育孩子的预期效果！

前阵子，我们带着孩子们去香港玩，晚上睡觉前，3 岁的小乖觉得酒店盥洗池很有趣，非要把牙膏沫吐到盥洗池漂亮的水龙头上，被他爸警告了："小乖，你再吐到盥洗池上，我就打你了啊！"

"嗯。"小乖点了点头，然后他一扭头，又把牙膏沫故意吐到了盥洗池上。

他爸当然生气了！立刻就给他身上来了几下，但小乖没有哭，不道歉，也不说话，和他爸对峙着。

气得他爸顺手抄起一瓶水，扔到了地上……

这么大的动静，把正在隔壁码字的我给惊到了。于是我立刻起身，来到盥洗间，问询了情况。只见小乖就站在那边，身上还有巴掌的红印，但不哭不喊疼，就这样直直地伫立在盥洗池旁，一副油盐不进的样子。

"小乖，你现在有什么感受？"我蹲下来，握住小乖的手问道，但他不说话。"你现在是不是觉得自己很自信，因为你觉得爸爸管不了你，你可以不听他的，继续往盥洗池上吐牙膏沫啊？"

"嗯。"小乖突然说话了，嘴角还带着微笑。

"你是不是觉得，爸爸打你就打你，反正他也不能把你怎么样，所以宁愿被打，也要把牙膏沫吐到盥洗池上啊？"

"嗯。"小乖不仅应声，还点了点头。

这可把一旁的爸爸气得够呛，他瞪大眼睛，我猜他脑子里第一反应是——看来刚才打得太轻了，得狠狠打一顿才行！总有能把小乖打服了的时候！这大概也是绝大多数习惯打孩子和惩罚孩子的家长——常见的想法。

我赶紧用目光示意他爸别掺和进来，然后继续问道："小乖，我知道你是一个爸爸妈妈都很爱的孩子。你现在要是故意违反自己答应的事，爸爸妈妈都不信任你的话了，就把你抱得远远的，你开心吗？"

小乖不说话。

"是的，你要想不听话，我也好、爸爸也好，都拿你没辙，我们是治不了你的。但是，你希望我们和你之间的关系一直是在互相伤害，还是希望爸爸妈妈都亲亲你、抱抱你、带你吃好的、玩好玩的呢？"

这时，小乖的眼睛里突然就充盈了汪汪的眼泪，眼眶瞬间红了，然后哭着说："想爸爸亲亲我，抱抱我，呜呜呜呜……"

这一反应，可把他爸给惊呆了！他旋即蹲了下来，抱起了小乖，然后说道："爸爸刚刚很生气，动手打了你，爸爸也跟你说对不起。"

就这样，他们两父子和好如初，在接下来的洗漱时间里，小乖一直表现得非常乖。

孩子说出威胁大人的话，令我们感到害怕，不妨回想一下我们是不是也经常威胁孩子，比如"你再不好好吃饭，我就把饭都倒了，让你饿着！""你要是不听话，妈妈就不要你了"类似这样的语言。

孩子的不良行为，大多是从父母和周围人身上学到的。

因此，言传身教是预防孩子不良行为的一剂良药。

但是，依然会有父母觉得孩子的某些行为是需要及时纠正或制止的，有时带有惩罚或者让他适当承担后果也是有必要的，只是惩罚方式要改变，不能打骂——我们该如何看待这样的想法呢？其实，要及时纠正和制止孩子的不良行为，并不只有惩罚这一种方法——更重要的是，我并不建议家长轻易动用惩罚的手段！

第一，家长不容易把握好惩罚的度。

对绝大多数家庭来说，惩罚是一种单向的决定——由父母来决定，孩子做出怎样的不良行为，家长会对其进行怎样的处理。但是，这些处理结果往往因人、因心情、因时间而异。

因人而异：孩子打了妈妈的脸，妈妈觉得没关系，可以忍受；孩子打了爸爸的脸，爸爸就不能忍受，会打回去。

因心情而异：孩子今天打了爸爸的脸，爸爸心情好，就算了；心情不好，也许就会重重地打回去。

因时间而异：孩子小的时候，打爸爸的脸，力气小，爸爸觉得是可爱；孩子大了以后，打爸爸的脸，打疼了爸爸，爸爸会生气，甚至打回去或者予以惩罚。

这些不一致的惩罚结果，是很难避免的——毕竟，每个人在不同的时间、场合和心情下，对孩子不良行为的忍受度是不同的。这种前后不一致、人与人不同，甚至喜怒无常的惩罚，会让孩子感到困惑，从而更多地去尝试，或者降低对父母的安全感。

第二，家长容易陷入越惩罚、越生气的恶性循环。

我们可能都有过这样的体验，就是有时候越想越生气、越骂越来劲。研究发现，在发脾气的时候，我们的大脑回路会处于卡壳的状态——从引发生气的点——到生气——再回到引发生气的点——再生气，从而进入恶性循环。

有时候小朋友这件事做得不对，家长开始打——一边打就一边想起了这件事做得不对可能导致的各种恶果，还会不由自主翻孩子的旧账，把今天、这周、上次的不良行为拿出来一起说，说着说着，下手就更重了……

第三，孩子会将自己的不良行为和家长联系到一起，他们的

选择可能是——继续不良行为，只要不被家长发现。

由于惩罚者往往是特定的几个人，因此孩子可能将"被惩罚"和这些"惩罚施加者"联系起来。以前上学的时候，自习课往往会有年级主任巡视——我们班总会派出教室后排靠窗的同学盯梢，主任一旦靠近，大家都鸦雀无声，认真自习；主任一旦走远，大家立刻放松下来，该干什么就干什么，一派热闹。

孩子也同样如此——如果不能从"他为什么要慢吞吞地喝牛奶"这件事本身去解决问题，只是施以惩罚，来制止孩子一切看似不良的行为，孩子很可能选择隐瞒着父母，去做一些不好的事。

第四，孩子会习惯接受不良行为的后果——被惩罚。这样惩罚便失去了作用。

这一点是非常严重的，正如我一开始提到的——小乖故意往盥洗池上吐牙膏沫这件事。他知道自己会被惩罚，但他在评估以后认为"往盥洗池上吐牙膏沫"的快乐，超过了"被爸爸打几下"的痛苦，而且还能证明谁也控制不了他，从而满足自己的胜任感！

此种心理机制下，惩罚他又有何用呢？这也是为什么经常有孩子被打皮了，打也没用了，父母就放弃了。

更重要的是，惩罚还会削弱家长和孩子之间的亲密关系。也许一时的惩罚让孩子意识到父母的愤怒，和反对自己做这件事的决心。但长期、经常性的惩罚，只会让孩子离自己越来越远。他不认为你和他在同一条战线上，你说什么，他都听不进去。

不妨让孩子自己选择承受后果的力量，让孩子深刻地理解到——自己需要为自己的行为负责。比如，孩子喝牛奶慢吞吞，以至于没有时间再选择自己喜爱的衣服出门了——这就是直接后果。

但现实中，很多家长容易混淆主观惩罚和自然后果之间的差别。所以，我比较提倡大家在纠正孩子的不良行为时，采用更积极的方式。

针对本节内容开头的案例，这位妈妈希望孩子改善的有三点：一是快点喝牛奶，不要慢吞吞；二是不要用"妈妈你再生气我就如何如何——甚至是伤害自己或别人"来威胁父母；三是减少拖拉、不好好吃饭、贪玩等不良行为。

喝牛奶慢，完全可以将牛奶带出门，路上再喝；或者下次早点预留出孩子慢吞吞喝牛奶的时间，这样就不必再催促了——只要想解决出现的问题，我们总会找到解决的办法——毕竟办法永远比问题多。

至于拖拉、不好好吃饭、贪玩——这几乎是每个孩子，甚至在大人身上也常见的行为——但行为背后的原因到底是什么？——拖拉，是因为现在的事太好玩了，想多玩一会儿？还是对接下来的事不感兴趣，不想开始？是希望通过拖拉的行为来引起父母对自己的关注？还是希望寻求权利，证明自己说了算，自己的事自己做主，从而获得内在的价值感？

不好好吃饭——是饭不好吃？还是运动量不够，不饿？是因人而异的食量，还是父母或老人总有喂食习惯？贪玩也同样如此。

你看，这些词，其实都是给孩子的标签——其实孩子本身没问题——如果有可能，每个孩子都希望能取悦父母，这是孩子的天性！

有时候，纠正孩子不良行为，根本不需要惩罚。当孩子不好好吃饭时，家长故意装出饭菜很好吃，要和孩子抢着吃的样子，他们就会开始争抢食物——这是积极示范的力量。

当孩子往盥洗池上吐牙膏沫，还洋洋得意地看着你时，不要去打骂，而是告诉他可以通过和父母合作，来获得内心的价值感和归属感——这是从满足孩子的需求去解决问题。

当孩子拖拖拉拉不愿出门时，家长蹲下来亲亲孩子，平和地将孩子带向出门的方向——这是以肢体和非语言的信息传递给孩子"我很爱你，但我们真的要出门了"，等等。

你看，除了惩罚，身为父母的我们，其实还有很多很多积极轻松的工具，可以打断和纠正孩子的不良行为。

改变自己的言行只是第一步，然而，是否了解孩子，是否能对孩子有同理心，是否能改变整个养育态度，更是每个家长需要持续学习和实践的。

偷钱

很多爸妈一发现孩子偷东西，都会觉得愤怒和担心。老祖宗留下的古训有云："小偷针，大偷金"，于是爸妈轻则斥责，重则一顿胖揍，生怕孩子今后走上歪路。如何对待孩子偷东西的行为呢？

我想跟大家分享一则发生在我先生身上的真实案例。

故事发生在20世纪90年代，我先生刚上小学的时候。那时候小学门口总有很多小摊，贩卖话梅、搅糖稀、汽水、冰棒等各种零食，涂着鲜艳的颜色，十分诱人。他每天放学，都会买一些小零食。很快，零花钱就不够用了。

正巧这天放学，他看见爸爸的大衣挂在衣架上，转念一想，爸爸平时都会从自己大衣口袋里掏钱，于是灵机一动，也跑去爸爸的大衣口袋里一模，还正好摸出来一张百元大钞，赶紧拿走放到了自己的小书包里。

第二天放学，他招呼了几个小伙伴，非常大方地说："今天放学我请客！"然后领着小伙伴们，给大家一人买了一支搅糖稀，又额外给自己买了话梅和冰棍，然后递给摊主一张百元大钞。

当天他爸爸穿着大衣上班，一掏钱，发现少了一百块，家里的大人还都说没拿过，于是他爸爸就到小学门口等着了。只见一放学，孩子就领着几个小伙伴跑去小摊上选东西，还递给摊主一张醒目的百元大钞。他爸爸这下心里有谱了。等到小伙伴们离开了，他爸爸就冲他走过去，笑着说："走，爸爸今天接你回家。"

他当时一愣，心想爸爸今天怎么来接自己了，是不是拿钱的事情暴露了？谁知爸爸载着自己就去了百货商店，问道："想吃什么？"

"火腿肠。"他说道。

爸爸又额外买了其他一些零食，然后才问道："爸爸今天兜里少了一百块钱，是不是你拿了？"

"是。"他小声地说。

"以后零花钱不够就跟爸爸说，别再自己从爸爸兜里拿钱了啊。"

"好。"

那天以后，爸爸给他涨了零花钱，而他再也没有偷偷拿过钱。

孩子为什么会偷东西？

因为孩子有需求，而且想要实现这样的需求。我先生小时候是因为想买零食而零花钱不够了，想要有更多的钱，所以才偷偷拿钱。而有时候孩子习惯性地偷钱，如果不是一直有对某些东西有需求，就是这种行为本身能引起父母的关注。就像有的孩子想和父母玩，发现父母不理自己，结果一讲脏话，父母就着急忙慌地过来了，于是为了引起父母的注意，孩子会一而再再而三地讲脏话。

为什么不直接跟大人说出自己的需求，而要偷呢？

在提这个问题之前，爸妈首先要问问自己，平时有没有多和孩子交流。在交流的过程中，是以平等、轻松的方式聊天，还是总从自己的角度去试图纠正孩子的想法和行为？萌爸说，家里每次都会给固定的零花钱，但从来不会问他钱是不是够用，而自己也没有想过要去主动表达自己的需求。

有的爸妈在处理孩子的问题时，习惯从自己的角度出发，而不和孩子商量。比如孩子希望买白色的衣服，而父母认为黑色的耐脏，于是买了黑色的。孩子虽然表面服从了，但内心深处想买白色衣服的需求却没有得到满足。

久而久之，父母再问孩子想要什么，孩子就会顺从父母的意愿，因为他知道自己即使表达了需求，也不会得到实现。从表面上看，父母是在和孩子商量事情，但实际上，仍然是父母在做决定，并没有尊重孩子的意愿。

孩子知道偷是不对的吗？

有不知道的，也有知道了但是不理解的。实际上，"偷钱"对幼儿来说是一个彻底的伪命题。在孩子建立物权观念之前，没有"偷"的概念，他们会认为拿家里的钱不算偷。有的孩子完全没有物权的概念，觉得喜欢、需要就拿了。有的孩子隐约知道偷偷拿钱是不好的，但并不知道这样会有多不好。

爸妈应该怎么对待孩子偷东西的行为？

先来看看我先生的爸爸的处理方式：

首先，调查了解孩子拿钱是想要做什么（买零食）。然后，维护孩子的自尊（等其他小伙伴离去以后再带走萌爸），满足孩子的需求（买了更多的零食）以表达对孩子的爱，同时尊重了孩子的意愿（买了萌爸想吃的火腿肠）。接下来，不谈是非对错、也不对孩子的行为随便贴标签，而是淡化自己的反应，直接告诉孩子今后如何做（零花钱不够就跟爸爸说，别再从爸爸兜里拿钱了）。最后，完美解决了孩子"偷东西"的根本原因——满足了孩子需求——涨了零花钱。

这简直就是标准的教科书级别的处理方式。

如何教育孩子？

在西方，教育一词源于拉丁文educate，前缀"e"有"出"的意思，意为"引出"，是指通过一定的手段把潜藏在人内部的东西诱发出来。

在中国，教育又指什么呢？孔子说："己所不欲，勿施于人。"那么己所欲，就能施于他人吗？显然也不是。只有己所欲，人所欲，才能施于人，而且必须以春风化雨，潜移默化的方式。

这才是真正的教育：了解孩子、尊重孩子、接纳孩子。萌爷并没有学过教育学，但为什么能处理得如此好呢？是因为萌爷爱孩子，对孩子有同理心，才会从孩子能接受的角度去引导。

给孩子钱，是"养"的问题，让孩子学会理财，就是"教"的问题。孩子"偷钱"买东西，是"养"的问题，但要解决这个问题，必须以"教"的方式去处理。

打架

　　父母都会很头疼孩子打架的行为，不管作为挑事的一方还是被打的一方，终归都可能受伤并带来危险。

　　有一次放学后，小萌在操场观察蜗牛，突然冲出来一名女生对他说："他是坏人，你快去打他！"小萌一听到"坏人"，立刻扭头站起来，朝那名女生口中的"坏人"冲过去。我抬头一看，对方是比他高出整整两个头的小学生。

　　每个人都会遇到冲突，有的是自己挑起的，有的是被对方挑起的，甚至是被其他人挑起的。有的孩子一生气就喜欢打人；有的孩子总喜欢嘲笑和激怒别人；有的孩子会怂恿别人打架……这些都是我们无法控制，更无法去改变的"别人家的孩子"。

　　但当这把怒火烧到自家孩子的身上时，很可能会让他惹上麻烦。那么，家长该怎么做呢？

　　练习识别生气的情绪。

　　孩子生气通常是因为以下三点原因：感觉被伤害，想做的事受挫了；感觉不被人理解，或者别人对自己撒谎了；感觉被忽视，或者别人不按他的想法行事。

　　当遇到这些情况时，孩子的身体也会产生变化，让他们感到自己正在生气，例如心跳加快，脸开始发烫，并且开始出汗；呼吸变得困难，也无法清晰地思考问题，浑身充满了力量，并且希望发泄这些能量。父母可以帮助孩子提前演练，告诉他们，一旦发生了这样的情况，说明他正在生气。

这样的情况下，作为家长的我们必须教孩子用积极暂停的方式冷静下来：

第一步，承认。承认自己现在很生气，很愤怒，并注意观察自己身体正在发生的变化。

第二步，冷静。尝试深呼吸——从1数到10，或直接走开等能让自己从生气的情绪中跳出来的方法。如果此时还是感到身体里充满了能量，可以选择打枕头、跑一会儿、播放音乐等方式，让自己的怒火正常、安全地发泄出来。

第三步，思考。冷静以后，就可以好好想一想，到底遇到了什么问题，以及如何解决这一问题。

第四步，谈话。最好找第三个人聊聊发生了什么，在聊天的过程中就能冷静下来。如果此时周围没有可以倾诉的人，甚至可以自言自语：刚才发生了什么，为了解决这个问题，我需要……

教孩子试着主动处理问题。

有时候，孩子能够控制好自己的情绪，但对方却执意挑事，希望和他打起来。那么，就需要教会孩子自己去处理冲突和争端，这时候我们可以教孩子用以下方法来处理冲突和争端：

第一步：保持姿势。

首先，需要和对方保持安全的距离。退几步，让对方无法第一时间冲上来打到自己，这点很重要。

其次，慢慢地深呼吸，保持冷静，不要对方一挑衅就扑了过去。

第三，保持警觉，站直了。这种姿势会让对方感受到压力，同时保持警觉也有助于对方冲过来时，能躲开或者保护自己。

第二步：适当躲避。

首先，避免直呼对方的名字，以及和对方继续争执、回骂，这只会让事情变得更糟。

其次，避开其他可能会扑过来攻击到自己的孩子。

第三，尽量能和挑事的孩子一对一地讨论，这样会让对方放下戒备。

第三步，学会倾听。

当孩子和愤怒的一方开始沟通时，不要急于去反驳或者为自己辩解，而是先倾听对方的理由。从对方的话语中，孩子需要搞清楚，他到底想要做什么。

第四步，解决问题。

找到不必打架就能解决问题的方法，例如"我知道你想玩我手里的球，但我现在不想和你分享。你可以找一个别的东西和我交换，或者等我玩一会儿之后再玩"。给出对方切实的理由，例如"我们打起来了，就都会被罚站的"。

如果上述做法都不起作用，无法帮对方冷静下来，那么要教孩子立刻走开、躲远、避免冲突。家长是孩子最重要的楷模，孩子会从家长身上学习处理冲突和矛盾的方法。上述做法看似难，但平时在家多多练习，孩子慢慢地就能掌握——甚至比成人改变起来更加容易。

接着说之前的事情，当时小萌冲到比自己高两头的小哥哥面前，距离他大约一米，停下来大声说："你是不是抢了姐姐的树枝？"

小哥哥不说话，只用手把玩着树枝，一下一下地戳着地面。

"快把树枝还给她！"小萌说，"那是她先找到的！"

小哥哥还是没说话，抬头看着小萌，身体绷紧了。

"我可以带你去找其他树枝！"小萌突然一笑，说道，"就在旁边的小树林里，有很多比这个树枝还要大和长的树枝！"

"嗯，好！"于是，小哥哥把树枝递给妞妞，跟在小萌身后，跑去小树林捡树枝了。

看到这里，我悬着的一颗心算是落地了。事后我问小萌："他要是拿起树枝打你怎么办？""那我就飞快地跑开啊！"小萌看着我笑，"只有先保护好自己，才能去保护别人，你不是说过吗？怎么你自己都不记得了呀？""是的，你说得对！有时候，跑开比留下更勇敢。而且，当你不打架，而是动脑子去解决问题的时候，才是赢了！"

提前的练习和反复跟孩子强调的处理方法，真的能派上用场！

发脾气

元宵节那天早上，我正在睡觉，听见4岁半的小萌在客厅里尖叫："不！我就要吃！"

然后是姥姥的大吼："不行！说了不许吃！"

两人剑拔弩张，很快，一场祖孙之战就要爆发了！

我赶紧翻身起床，跑了过去。原来，他看上了亲戚送来的卡通兔子棒棒软糖，挺大一支，摆在客厅茶几上挺显眼的位置，吵着要吃。吵到生气的时候，他甚至拿起昨天刚拆下的玩具纸盒，要朝地板上砸去。这是要撒泼打滚的节奏，我可从来没有见他这么生气过。

于是，我一把搂起他，把他拎到了墙壁旁边。这么做，是在孩子生气时，将他迅速抱离现场，以免他一直看见刺激物——棒棒糖，但是又吃不到，就会越来越生气。

我自己也坐下来，和他的眼神保持平视交流。只见小萌蹲坐在墙壁旁，离开了棒棒糖案发现场，冷静了一些，但是坐着不说话。这是生气的第一阶段——拒绝交流。

顿了一两秒，发现我没有理他，于是小萌将双手抱在肚子前面，还翻起了白眼。这是生气的第二阶段：妈妈居然不理我——继续生气。

"你在干什么呀？"我问道。这也是孩子生气时，家长最习惯的询问方式：你在干什么？你生什么气？你有什么好生气的？

你闹什么脾气？你怎么这样？明明你做得不对，你还有脸生气？果然，此问一出，小萌眉头一皱，举起面前的玩具盒子挡住自己，不理我了。这是生气的第三阶段：妈妈根本不理解我——更生气了。

过了一会儿，我小心翼翼地帮他表达他的情绪："你生气啦？"孩子就这样，虽然他们明明就是生气了，可还是期待你来帮他们说出内心的真实感受。果不其然，他一旦发现我知道他生气了，立刻说："对，你非不，你非不让我吃糖，然后我就真生气了！"

这个阶段，他连正常的表达都有困难了，而且注意力也开始转移了，原本举起的玩具纸盒也从手里掉了下来。

"你想吃什么糖啊？"既然提问对此刻的他来说有效，那我就继续提问，帮他表达出心里的想法。

"吃！棒！棒！糖！"他双手反叉在腰后，一字一句地大声说道。

"什么味道的棒棒糖啊？"我继续提问。

"哈啊……"小萌陷入了思考。

一旦孩子开始思考其他问题了，就从原本愤怒的情绪中脱离出来了，也就能转移他的注意力了。

"草莓味儿的想吃吗？"

"我就是想吃草莓味的！"小萌回答的语调依然是气呼呼的。

"那想吃猕猴桃味儿的吗？"我随口说道，这是他平素就爱吃的水果。

"也想吃！"他皱着眉头说道。

"想吃黑芝麻味儿的吗？"我提出了新奇的选择。

"也想吃！"小萌虽然还皱着眉头，但嘴角已经开始上扬。

"但是这些，今天我们都——"我一边说一边观察他的反应，发现他一听到转折语，立刻又紧张地皱起了眉头，就等着我拒绝他，然后继续生气，于是我立刻改口道："可以在一种食物中吃到。"

"什么？"发现我的回答和他预期的被拒绝不同，小萌惊讶地暂时不生气了。

"元宵！"

"嗯？"小萌感到很疑惑。

"今天是什么节日知道吗？"

"元宵节！"他笑着说出了正确答案，毕竟我们这几天都在跟他讲即将到来的元宵节，他是有印象的。

"对呀！"我立刻积极肯定了他的回答，"元宵节我们就要吃——"

"吃元宵！"这时，小萌已经不生气了，转移注意力了。

但此时，根本的问题还没有解决。于是，我引入了新的话题："我们最近都没有吃棒棒糖，那我们可以吃甜的汤圆。"

一听到关键词"甜"，小萌立刻两眼放光："甜的元宵？那好！"

此时要将他所喜欢的棒棒糖属性，转移到其他父母可以接受的选择上去："就是草莓味儿的、黑芝麻味儿的……"

"那就，那就……"小萌激动得都不会说话了，"去买草莓味儿的好啦！"

"也行啊，那我们就去吃草莓味儿的元宵，好不好？"

"那好！"小萌笑意盈盈地看着我。

这下，我们终于讨论出了满意的解决方案：不吃棒棒糖，但是元宵节可以吃草莓味儿的元宵！

孩子发脾气时，应该如何处理？其实，没有孩子生下来就喜欢无理取闹，他们只是有了想要的，又得不到，所以产生了挫败感和沮丧。当成人受挫时，也一样会产生生气、失望、伤心等消极情绪，只是成人知道如何去自我排解，但孩子不会——他们大多数时候只会用哭闹蹦跳，甚至是打砸东西等行为，来发泄自己的负面情绪。

这时候，如果没有试着去了解他们的需求，也没有尽力帮他们解决问题，他就会感到更无助——连最亲密的爸爸妈妈都帮不了我，我真是太无助了，我也不知道该怎么办，就让我胡闹一番，消耗掉这些让我不舒服的情绪和精力吧！

于是就有了成人眼中孩子的"无理取闹"，而如果放任这种行为发展下去，孩子会变本加厉地以更恶劣的方式表达自己的不满，吸引父母的注意力，为自己争取想要的东西。

有的孩子喜欢砸东西，比如看电视的需求得不到满足，被停下来了，就开始发脾气。那么，我们该如何在孩子想看电视的时候停下来呢？

第一，提前建立规则。我家关于看电视的规则：每天观看时间不能超过1小时，每次不超过20分钟；只能天黑才能观看（对于年幼的孩子来说，天黑的标准更直观）；

第二，在停下来之前，给孩子留出足够的过渡时间。每次只看2集，并且看每一集之前都要提示还剩几集；允许孩子看完这一集，再停下来，而不是突然中断。

第三，约定好下次的条件。例如，做完作业/吃完饭才能继续看，等等。

第四，规范孩子的行为。一方面是禁止任何砸东西的行为，如果砸了东西就给予惩罚（罚站，罚不许看电视等）；一方面是给予他别的选择：在生气时，父母可以带着他深呼吸、听音乐，让他平静下来；或者给他一个发泄玩具，让他生气的时候捏东西、转指尖陀螺等，通过这些方式来发泄他的情绪。

更重要的是，帮孩子解决问题。人与人的交往都有信任成本，这些信任成本会在一次次的生气、发火、压制后被逐渐消磨殆尽。比起父母用权威去命令孩子，孩子不满时矛盾逐渐升级，更好的处理方式是帮孩子解决问题：完全接纳他的情绪，可以生气、可以愤怒、可以伤心、可以失望。

如果可能，建立一些温柔的肢体接触，例如，握住他的手、轻轻抱住他，让他了解你是关心他的；帮他表达出自己的情绪，在和他的沟通中，通过猜测、提问等方式了解他的真实需求；在和他的协商中，建立规则，找到父母和孩子双方都能满意的解决方案等。

也许有一天，孩子会提问："父母脾气特别坏，怎么办？面对父母的无理取闹，该怎么办？"

父母想说："我不是脾气坏、不是无理取闹，只是孩子你不懂我。"

今天父母提问："孩子脾气特别坏，怎么办？面对孩子的无理取闹，孩子怎么办？"

孩子也想说："我不是脾气坏，不是无理取闹，只是你不懂我。"

找借口

在日常生活中，孩子经常会找各种借口来敷衍父母。他的理由往往站不住脚，毫无逻辑，令人哭笑不得。怎样沟通，才能引导他说出内心真正的想法呢？

如果我们的话说不到孩子心坎里，他就会以各种借口拒绝你。

暑假的一天，小萌爸爸带他去捉蚂蚱，小萌给自己找了很多令人啼笑皆非的借口。

一开始，小萌很勇敢，主动伸手去抓蚂蚱——但是，蚂蚱跳走了，他的捕捉行动暂告失败。

爸爸："没抓住啊？跑哪去了？"

小萌找到蚂蚱后，他爸自己动手抓住了蚂蚱，想要递给小萌。

小萌不敢动手，怯生生地问："是抓它后面这儿吗？"

爸爸："可以抓它的腿，抓吧。"

小萌："爸爸，但是它，它是不是想要逃命？"

爸爸："你可以抓它的腿，待会儿把它放走就行了。给！"

小萌："爸爸，我想把它放了。"

爸爸："你可以抓住它。"

小萌（哭腔）："诶，爸爸我不敢了。"

爸爸："为什么不敢啊？它又不咬人。"

小萌："（我）只敢摸它的触须……"

一开始说要捉蚂蚱的是小萌，后来不敢捉蚂蚱的也是小萌——还找了很多借口。这可真是让人恼火！可是，小萌为什么会产生这样的变化呢?

当时正好我录像了，我在回看录像时发现了几个细节。

细节1：旁人的影响。在小萌找寻跳走的蚂蚱时，旁边有一位小朋友大叫："虫子! 虫子!"另一位较大的小朋友很大声地吓唬道："虫子是食肉动物! 而且，它会吸你的血! 而且它有毒!"

细节2：失败的经历。一开始小萌抓蚂蚱失败了，他内心也许就会害怕自己再度失败——抓不住，或者让蚂蚱挣脱。

如果我们仅仅是继续劝说孩子"没关系，抓吧"，这种劝说方式已经没有任何效果了。因为，小萌这时害怕的是——这虫子有毒，会吸血，会伤害我，而我有可能捉不住，所以会被虫子伤害! 如果没有对症下药地解释孩子内心中的疑惑，即便孩子暂时听从了父母的建议，但一旦出现问题，他们也立刻会逃之夭夭!

想要引导孩子的行为，首先要搞清楚他为什么不听话，或者说，他的需求是什么。

拿小萌捉蚂蚱这事来说：如果仅仅是为了好玩，完全可以由爸爸代劳，抓到空瓶子里，近距离观察即可，不必由他亲自动手；如果是想体验抓的过程，但又不知从何下手，可以教给他分解步骤、注意事项，等等；如果是想玩蚂蚱，可以用树枝或者叶子轻轻触碰蚂蚱，而不必上手。

现在，我们已经知道了孩子是在找借口，是什么借口并不重要，关键是如何解决他心里的结。而引导孩子的行为，可以通过以下三个经过无数父母验证过的步骤：

（1）蹲下来，和孩子有一些肢体接触。

（2）代替或引导孩子说出自己内心真正的需求／恐惧。

（3）通过亲自示范和创造新的经历让孩子解开心结。

罗素（Bertrand Russell）认为孩子撒谎和找借口，来自他们对成人的恐惧心理，并要求父母切勿以惩罚威胁孩子。要知道——惩罚会强化孩子说谎和找借口的行为。

而且，这种惩罚往往是不能实现的。例如，愤怒的父母可能会说出"再说谎就把你腿打断""把你嘴巴缝起来""再也不要你了"之类的过激话语，当这些话语并不能实现时，就会让父母的威信在孩子眼中丧失殆尽。

我们小时候也可能会因一些"不良爱好"（例如，玩游戏、看动漫）被训斥以后，对家里人找借口，谎称自己在做其他事情，其根本原因是害怕并逃避父母的责罚。

小萌曾经故意把草莓扔在地上，还说自己是"不小心掉的"。我们并不会第一时间就责罚他，而是询问他："这是谁弄掉的？"

"小萌。"他会指着自己说。

"这样做是在浪费食物。你看爸爸辛苦赚钱买吃的，多不容易啊！浪费了这个，我们就会少吃几个香甜的草莓了！"

一般当我们把最终的话术引导到会少吃很多好吃的时候，甚至在每次他吃完美食还意犹未尽时重复乱扔草莓的后果——如果我们把食物掉在地上浪费了，就没办法买更多的草莓了；下次记得吃东西时小心点，这样我们就能多吃几个草莓了。

渐渐地，小萌就停止了这样的不良行为。

当孩子不断为自己的行为找借口时，父母要做的是留心观察，发现他行为背后真正的原因，并与之沟通。如果我们留心观察了，却无法找到真正的原因，该怎么办呢？

父母可以从聊聊孩子的感受开始，是难过还是伤心，是愧疚还是烦躁，然后顺着孩子的心情去找到真正的原因。

如果孩子连说出自己的感受都不愿意，该怎么办呢？那就需要重建孩子的信任感和安全感——只要我们不批判孩子，并且坚定站在他这一方的时候，孩子才会愿意开口，说出借口背后的真正原因。

过量糖果

很多孩子还没开始上幼儿园就已经有蛀牙了。要知道，现在的小朋友，几乎都抵挡不住对甜食的诱惑。

每当放学的时候，小萌的同学家长都喜欢拎一兜零食来，其中不乏硬糖、巧克力、果丹皮、棒棒糖等含糖量高，又容易隐藏在牙齿缝里的糖果。孩子们开心地吃呀，吃呀！每天都吃，但距离下顿饭和睡前刷牙还有好几个小时，长年累月，不蛀牙才奇怪呢。

有时候他们也会给小萌分糖果，小萌却会把糖果递给我，而不是着急剥开吃掉。

刚看到的时候，其他家长们感到非常奇怪："你家小萌不爱吃糖果吗？"

"哪能不爱吃？简直爱吃得不行不行的！"

"那他为什么还把糖果递给你呀？"

"因为，我家有个糖果时间。"

糖果时间，是我家的甜食规则。选择每周六或者周日的某一天，小朋友们午睡起来以后，会有20分钟的时间，我会端出一个糖果盒子，里面装满了各种糖果：清口糖、彩虹糖、果丹皮、巧克力、山楂片。有时候还会有个大盒子，里面装着牛轧糖、芒果干、丝绒蛋糕、绿豆糕、成罐的棉花糖、爆米花等标准甜食。

这些糖果有的来自别人的馈赠，有的是我自己买的。这时，孩子们可以每人选择3种糖果，然后到自己的"基地"随便吃15

分钟。说是"基地",其实就是书房进门的小角落,他们自己摆上脏衣篮和垃圾筐,形成一个专属空间,然后兄弟俩偷偷躲在里面开心地吃糖、甜食和其他小零食。

糖果时间是我家每周都会举行的固定活动,但吃完以后,他们需要立刻去刷牙、漱口。

每周15分钟,极具仪式感,同时还有众多可供挑选甜食的糖果时间,是孩子们最喜欢的固定节目,让他们充满期待。这也是为什么当别人给小萌糖果的时候,他能够抵制诱惑,然后把糖果交给我的原因。因为,他清楚地知道并相信:妈妈会把这些零食放进糖果盒子里,等待糖果时间再大快朵颐。

事实上,甜食对龋齿的影响是一个长期的过程:每天吃1颗糖的孩子,比一天内吃7颗糖的孩子更容易蛀牙。所以,糖果时间的好处至少包括:

缩短了孩子吃糖的总时长,减少了龋齿发生的概率;每周选三种糖果,比每天选一种糖果的总摄入量少很多;给孩子在规则内自由选择的权利,这是对他们的尊重,也能让他们变得更自律;让孩子和家长更好地建立信任和沟通。

养育孩子需要坚持原则,灵活处理,糖果时间就是个很好的例子:孩子吃了各种糖,有幸福的童年回忆和快乐时光。同时又帮助他们形成了自律的习惯,控制了糖的总摄入量——可谓一举多得。

随着孩子逐渐长大,会接触到各种人给的糖果:去亲戚家串门、和小伙伴一起玩、和闺蜜聚会,你是不能对所有糖果来源都赶尽杀绝的。毕竟,吃糖不是原则问题,过量、长期、长时间吃糖才是造成危害的因素。

如果各位父母也想在家设定糖果时间，可以试着这样设置规则：

（1）和孩子讲清楚糖果时间的规则，一起挑选一个神秘盒子，甚至可以让孩子给这个盒子起名。

（2）选择每周的固定某一天，大概10～20分钟的时长。估算好孩子吃糖果的时间，免得时间到了还没吃完，让孩子继续吃是违反规则，强行拿走又容易让孩子哭闹。

（3）小朋友需要坐下来吃，不能到处跑动。

（4）快结束时，可以提醒孩子下周的同一时间，还能继续下一轮的糖果时间。

（5）结束后，立刻带孩子去刷牙、漱口。

（6）如果小朋友在别的时间偷吃或额外吃了糖果，就取消本周的糖果时间。

如果你家也有爱吃糖果的孩子，不妨在家试试?

电子屏幕

有一次，我和父母们聊到"孩子总喜欢看手机、电脑、电视"这个伤脑筋的问题，有人说："上次孩子打开我的淘宝，本来是在逛玩具，给他自己选个生日礼物。但这该死的推荐算法，很快就让他开始浏览成人内衣！孩子今年刚5岁。"

大家纷纷建议，一定要给孩子配备一个专门的ipad或者手机，严格把控里面的视频内容。有朋友说："我家的各种视频软件已经被我调教好了，全是奥数、英语这些内容。"

"孩子看了一下就不想看了，问我，爸爸，为什么我和你的抖音不一样？"

"我简单地跟她解释了一下算法，然后告诉她，爸爸的视频软件最初也是这样的，慢慢看了一年多，终于成现在这样的了——所以你要从奥数英语这些看起，而且，贵在坚持！"

世界卫生组织（WHO）曾发表过专题文章，呼吁为了孩子的健康成长，应该鼓励他们"少坐、多玩"，并且建议以2岁为分水岭：2岁以下不建议孩子在智能媒体面前，包括看电视、看视频、玩电脑游戏时久坐；2岁以上的孩子需要将屏幕时间限制在每天1小时内，且越少越好。

目前，学界一致认为长时间观看屏幕内容确实存在诸多问题，包括：

久坐不动。这是手机/电脑/电视屏幕导致健康问题的罪魁祸首，包括引发肥胖、视力问题等。注意！不是因为屏幕本身导致的视力问题，而是近距离观看时间太久，才导致的视力问题——近距离看书太久，也会导致近视。

屏幕光线。美国儿科学会指出，孩子玩手机或者平板电脑时，由于暴露在光线下（尤其是蓝光下），加之观看屏幕上刺激的内容，会延迟或扰乱睡眠，从而影响其在学校的表现。

媒体内容。不断变幻的屏幕内容可能导致孩子注意力不集中——看似在专注地看，实际上看的内容一直是变幻的，这会让他在看到不变的内容时，就变得注意力不集中。此外，暴力内容、高热量零食的广告也可能对孩子的行为和进食偏好产生影响。

缺乏互动。几乎全世界的父母都习惯让智能设备充当保姆，反正孩子一看手机就会乖乖地待着不动了。但是，任何屏幕都比不上父母和孩子之间真实的、面对面的互动，后者更有利于孩子早期大脑的发育，包括认知、语言、逻辑推理等各种能力的发展等。

要避免上述危害，当然得——控制看电视和玩手机这类屏幕时间！

美国儿科学会曾推荐过一套"媒体计划"的控制方法，只需要输入孩子的年龄，就会跳出来硬性规定的最低睡眠时间和体育活动时间。

在此基础上，家长可以自由选择每天要给他们安排多久的课后活动、家庭时光、自由玩耍、家庭作业、吃饭、个人护理（例如洗澡、剪指甲、刷牙）、阅读等推荐项目的时间，从而挤占掉单纯的屏幕时间。

想让孩子少看手机、电视、电脑等电子屏幕，关键是将他的每日时间安排好各种活动。比如，对于2~5岁的孩子来说，每天安排：

推荐：睡眠时间至少11.5小时

推荐：户外活动时间至少1小时

如果：幼儿园时间为8小时

其他：晚饭和洗澡时间加起来1小时

剩下：时间只剩2.5小时

在这2.5小时中，如果能安排每天：

阅读：0.5小时亲子阅读

游戏：0.5小时孩子的自由活动（例如搭建乐高、玩过家家游戏等）

作业：1小时作业时间

剩下：只剩0.5小时的屏幕时间

——刚好达标！

用时间分配的思路去解决屏幕时间过多的问题，才能从根源上解决问题！但是，一到假期，例如寒暑假，8小时的学校时间没了，以往的计划也就失效了——平白无故多出来8个小时，孩子看屏幕的时间根本少不了！

除了用其他活动将孩子的生活安排满，父母的控制也是有必要的，但其必要性在于设限和参与，而不是严格管理、禁止玩耍。

父母首先要做的，是和孩子一起玩。当孩子和父母一起玩游戏时，往往更容易听从父母的劝导——而不是自己拿着手机玩，对父母不能再看/玩的要求充耳不闻，最后父母不得不抢走手机，又开始号啕大哭。

同样是玩手机，为什么孩子自己玩和父母陪玩有如此迥异的差别呢？简单来说，一起玩一起笑这两个具体的场景，能够更好地建立父母和孩子之间的亲密关系。

基于阿尔弗雷德·阿德勒及人本主义理论所建立的当代主流育儿方法，无一不强调这种亲密关系。

正面管教的核心理念之一，即"先联结，再纠正"：孩子的经历直接影响着孩子对事件和人的感知，他会在内心予以自我诠释，并形成自己的独有信念，最终影响自己的决定。

积极养育理念也认为：养育孩子的关键在于建立纽带。只有当父母对孩子有爱，并把对孩子的爱和彼此尊重带入养育过程，才能更好地和孩子建立联结。

所谓的联结、纽带，指的就是——亲密关系。如果父母和孩子的亲密关系建立得较好，那么父母更容易教导孩子，孩子更容易听话并遵守规则，孩子也更愿意接近父母，当孩子遇到问题时更愿意向父母吐露心扉。

和孩子一起玩手机，是父母给予的陪伴和互动，从某种意义上来说，可以更好地建立和孩子之间的亲密关系，无论对亲子关系还是孩子内心的安全感和未来其他关系的建立，都有积极的影响。

父母可以陪孩子一起观看电子屏幕，同时也做以下几件事：

精选优质内容

尽管如今有超过8万个APP被贴上了教育类标签，但几乎没有任何测评可以证明它们的实际质量。被标榜为互动的产品，需要的不仅是推揉和滑动。家长应该选择适合孩子年龄的APP和游戏，以为指导孩子做出最佳选择。

需要避免的是快节奏的视频，以及功能太过花哨的APP，这些类型的节目和APP可能会影响孩子的大脑发育，让孩子出现注意力分散等问题。

多样化的媒体内容

家长需要以促进互动、联系和创造力的方式使用媒体。不同类型的媒体可能都有潜在的好处，所以媒体的使用最好多样化，这样就不会把所有的时间都花在一个特定的APP上——还可以防止孩子沉迷。

积极参与和共同观看

在使用APP和玩游戏的时候，家长也能做很多事，包括：

共同观看和讨论。当孩子观看屏幕时，家长最好和他们一起观看，并协助孩子互动和讨论。研究发现，当陪伴孩子共同观看时，孩子通过媒体、教育节目和视频中学习的效果会更好。

共同游戏。当父母与孩子一起玩视频游戏或使用应用程序时，能及时对游戏中某些不良行为作出阐释，这样既能让孩子玩得顺畅，也能让他们在玩游戏时停下来休息一会儿，听取父母的一些建议，将其变为亲子时光的一部分。

分享自己的经历。当年幼的孩子与成年人分享这些经历时，他们能从媒体中学到更多。这能帮助父母与孩子和青少年保持联系，并让父母更好地了解他们的孩子是如何度过自己的时间的。

媒体和数字设备是当今世界不可或缺的一部分。如果能适度且适当地使用，对孩子的帮助是巨大的。但研究也表明，与家人、朋友和老师面对面的真实交流，对促进孩子的学习和健康发展有着至关重要的作用。

愿我们都能给孩子真实的互动和陪伴，不要让其迷失在媒体和技术的洪流中！

不愿分享

父母和老人都希望孩子能主动分享，做一个大方、有家教的孩子。

小区院子里的孩子们聚在一起的时候，一个亘古不变的话题就出现了：

"小花，快把你的玩具给小弟弟玩一会儿！"

"小虎，把你的饼干分给小姐姐吃一块！"

不论是父母还是老人，总是在教孩子主动分享，甚至在孩子不情愿时，强行从孩子手中夺过玩具递给其他小朋友，再把孩子带走教育或者用别的东西转移孩子的注意力。

我带小萌出门玩时总会遇到这样的情况，甚至有奶奶直接把小姐姐的球递给小萌，以至于小姐姐开始哇哇大哭。然而奶奶却在一旁这样开导："你是大姐姐，要学会分享。不要那么吝啬，弟弟就玩一会儿！"

当然，也有其他小朋友的家长走过来找小萌要玩具："小哥哥，把你的球给妹妹玩一会儿好吗？"

什么是分享，我们又如何通过亲子沟通鼓励孩子分享呢？

分享，是指将自己喜爱的物品、美好的情感体验及劳动成果与人共享。对幼儿来说，分享行为是他们由个体亲近群体、克服自我中心，以关爱同伴获取快乐的一种较高层次的情感行为。

儿童的分享观念和分享行为——历来是发展心理学家所关注的一个重要课题。早在19世纪50年代，尤格儒奥（Ugrual）和珊妮（Semni）就研究了4岁～16岁儿童分享观念和分享行为的发展情况，他们发现：219名被试在与对方分享5～15颗坚果时，吝啬倾向在4岁～6岁时会达到高峰，并随着年龄的增长而逐渐减弱；而慷慨倾向在5岁～6岁时出现快速增长，并逐年增加至7岁～8岁；公平分享在8岁以后则会占据主导地位。

要教孩子学会真正的分享，需要具备几个前提：

前提一：社交和情感发展到一定阶段。

愿意与其他小朋友交往，需要孩子的社交和情感能力发展到一定阶段。在社交和情感发展方面，18个月的孩子还在害怕陌生人，并且在新的环境中会粘在照顾人身边。到2岁时，他们开始会对其他小朋友感兴趣，并且开始在游戏中学会和小朋友一起玩，尽管更多时候只是和小朋友同处一个空间，自己玩自己的。直到3岁时他们才会真正开始主动对小朋友表达喜爱，并且理解初步的物权的概念，即有的东西是我的，有的东西是他的或者她的。

前提二：克服自我中心的想法。

孩子要到3岁以后，才能意识到世界不是以自己为中心的，这时他们才会有真正意义上的社交行为发生，这时孩子开始会主动接触其他小朋友，并且开始考虑他们的感受，以便使游戏进行得更加顺利。

前提三：理解别人的感受。

通常情况下，孩子要到4岁左右才会发展出心理机制，并意识到自己所见所想，和别人的所见所想并不一样。只有当孩子意识到自己和别人之间的想法、立场是存在差异的——我们才能真正开始教他们理解别人的感受，也即换位思考。

如果违背了这一发展规律，就是给自己找气受："怎么教了半天孩子还是不会？是孩子不行，还是我不行？"

我们希望孩子学会分享，不仅仅是害怕背负吝啬的恶名，更是希望孩子学会与人相处，学会付出，以便将来更好地融入集体生活。那么，现在孩子4岁了，已经基本具备学会分享的三个前提了，是不是就能主动分享呢？——当然不是！

很多心理学家都认为，移情在孩子品德形成过程中具有重要的作用。20世纪90年代，有数项研究都表明，移情训练能让孩子换位思考，并甘愿付出行动，去消解别人的负面情绪或状况。

1998年，华中师范大学教科院和武汉大学幼儿园联合进行了一项实验，随机抽取3、4、5岁的幼儿各40名，分为移情实验组和对比组开展研究。

对这些幼儿分别进行了讨论分享事件、体验分享情感和交换体验三类训练，每周三次，共三周。并对孩子的家长进行了问卷调查，结果发现：年纪越小的孩子，越不愿意分享，即使是5岁的大班孩子，在未经训练的情况下也只有10%愿意分享食物，15%愿意分享玩具，15%愿意分享奖品。

经过移情训练后，愿意分享食物、玩具和奖品的5岁孩子比例提高至20%、35%和25%，几乎都翻倍了。同时，父母的言传身教对孩子的分享行为影响也非常大。

也有研究发现，接受混龄教育的孩子，由于能接触到大孩子的分享行为，因此更容易培养分享意识。由此说来，拥有兄弟姐妹的孩子也许更容易学会分享，而独生子女则更容易具有独占心理。

值得一提的是，在教孩子分享观念之前，应该让孩子对自己的所有物建立起安全感，了解到不管谁触碰或使用过后，这些东西仍然是属于自己的。在体会到自己的所有权之后，才能了解别人的所有权，这有利于培养起正确的物权意识，也有利于培养孩子的分享意识和行为。

教孩子分享不会消失的玩具，比从一开始就教孩子分享食物更好。有的成人为了让孩子学会分享，就强行抢走孩子的东西，这种做法会让孩子对自己的东西很没有安全感，以后看到别的孩子接近时会下意识地认为："妈妈又要抢走我的玩具给别人了"，当然会越来越吝啬和护食。

有的分享，其实是伪分享。分享是孩子自发的行为，并能从中感受到满足和愉悦。但是，现实中，家长教给孩子的分享，实际上很多时候只是伪分享。例如：

"把饼干给别人，不要那么小气"的说法，实际上是让孩子以付出食物，换来大方的名声。大人以为只要孩子表现得吝啬，别人就会指责他们家教不好。

"把球给弟弟，来和爷爷一起玩小车"的说法，实际上只是在转移孩子的注意力。

"给奶奶一块糖，妈妈再重新给你一块糖"的说法，实际上只是会让孩子学会交换和谈条件，而不能促进孩子自发地产生分享行为。

"弟弟都把小汽车给你玩了，你也把布娃娃给弟弟吧"的说法，实际上是让孩子学会交换，而并非真正的分享。

当我家小萌被别人要求分享时，我通常会这样和小萌沟通：带两个玩具，当小萌乐意分享其中一个时，带着他玩另一个；当小萌不乐意分享时，问问对方是否可以接受要另外一个玩具；当两个玩具小萌都不乐意分享时，让小萌给其他小朋友示范如何玩，接下来征求小萌的许可，让其他孩子也试一试，之后再拿回来，继续让小萌玩——以此形成两人共同玩玩具的局面。

而当两个玩具小萌都不乐意分享，并且不愿意给其他小朋友示范如何玩时，让小朋友先行示范如何玩，再换过来给小萌玩。同时在这一过程中告诉小萌"你看，小哥哥／小姐姐这么开心，都是因为你示范得很好呢！"

亲子沟通时，父母需要遵循孩子的发展阶段，尊重并肯定孩子自身的想法和决定，才能更好地加以引导。

拒不认错

一位爸爸说，他家的孩子2岁半，特别调皮。周六时，这位爸爸带着孩子在楼下小花园玩，追着其他小朋友疯跑，孩子玩得很开心，突然跑到一个比他小的孩子面前一把将对方给推倒了。

爸爸当时很生气，跑过去厉声让他给小朋友道歉，他愣在那里，双方的家长都在，旁边还站着几个叔叔阿姨，他想走掉，爸爸拉住他，让他道歉，所以很严厉。孩子眼泪立马就出来了，但就是不道歉，爸爸一再要他道歉，就这样耗着，他一直哭，对方的爸爸看这情况也知道孩子不懂事，并不想追究什么。

但这位爸爸当时就想，一定要教育纠正他这种行为，这并不是因为面子的问题。但在当时，面对这样的情况，孩子一拧起来，说什么也不愿意，作为父母，有时候真是有点儿灰心。最终，孩子还是没有说对不起，当时爸爸非常失望。

后来，孩子一直哭着回家，睡着了还抽噎，爸爸又有些心疼了，他想可能是自己没有考虑到孩子的感受，因为当着这么多陌生人自己这么大声地责备他，孩子应该是害怕了，加上他还有点小自尊。

这时，爸爸想起孩子过往的行为，作为一个从小善良也没暴力倾向的小孩子，为什么会去推一个比他小的孩子呢？原来，前一天几个孩子和他一起玩，几个小孩子都用玩具枪指他，最后对方还把他推倒了。爸爸并没有让其他孩子道歉，只是过去安慰他没事。

结果，第二天孩子去小花园玩就没有那么疯了，时不时地还回头看爸爸，怕爸爸会不会又责备自己。但这并不是爸爸想要的结果，作为父亲，他还是希望孩子玩的时候能释放天性，并不想他成为一个只会自己安静玩的孩子。

这位爸爸认为，可能还是沟通方式出现了问题。那么，孩子犯了错误，父母该不该当众严厉纠正，如果孩子拒不认错，父母又该怎么办呢？

可是，真的是孩子犯了错吗？还是错误原本在父母？不妨让我们来复盘一下事件经过：

第一天

孩子跟几个小孩子玩，被这些孩子用玩具枪指着，最后还把他推倒了。这位爸爸过去安慰他没事，却没有让其他孩子道歉。

第二天

孩子在楼下小花园玩，追着其他小朋友疯跑，玩得很开心，突然跑到一个比他小的孩子面前一把把别人推倒了。这位爸爸跑过去厉声让他对小朋友说对不起，他先是愣在那里，后来想走掉。随后一直在"要求道歉"和"不道歉"之间僵持，最终也没有道歉。孩子一直哭着回家，睡着了还抽噎。

第三天

孩子去小花园玩就没有那么疯了，时不时还回头看爸爸。

拥有同理心难吗？难——也不难。设想我们自己就是这件事中的孩子，这三天的事情让我们学到了什么？

"我被别人推倒了，爸爸跟我说没事，别人不需要跟我道歉。"

"我推倒了别人，爸爸却厉声反复地要求我道歉。"

爸爸昨天说没事，今天却又大发雷霆，让我很迷惑，转而生气、害怕和拒绝。

如果孩子的内心有个小人，当时大概会跳出来大喊——"爸爸，你是不是不爱我了？"

作为父母，我们很多时候不怕别人说孩子笨，就怕别人说孩子没家教——毕竟，笨是孩子自己的事，而没家教则连带着我们父母一起骂了。我们觉得，要让孩子在外面显得有家教，那么一定要维持基本的体面。

这种所谓的体面、家教好是严于律己：不能打人，一旦打人必须道歉；不能找别人要东西，自己玩自己的就好；不能骂人说脏话，否则就一顿收拾；不能插队，要耐心地排队等。

这种所谓的体面、家教好同时也是宽以待人：被打了，要笑笑说没事；被要东西，要开心又大方地分享；被骂了，不和对方争辩；被插队了，就排在对方后面，继续等待。

这样的"严于律己，宽以待人"，对孩子来说，难道不是典型的双标吗？当父母对孩子提高标准，却一再降低自己对别人的标准时，孩子会有什么感受呢？大概是难过、伤心、不被理解、被拒绝和被忽视。

这些做法，会让我们在不知不觉中，亲手在和孩子的亲密关系上画上一个个红色的叉，慢慢地，我们也就失去了孩子的信任和爱——而我们则会觉得越来越迷惑："为什么孩子越来越不听话了？"

有没有想过，听话的前提是什么？作为成人，我们一般会听谁的话？

尊卑阶级：上级或领导，他们手握生杀大权，我们不得不服从；

权威服从：老师、教练、专家，他们是某些方面的权威；

亲密关系：亲朋好友，他们理解我们，提出的建议也符合我们的认知；

作为父母，我们会把自己和子女的关系放在哪个等级中？

不少父母会将自己和子女的关系放在"尊卑阶级"一栏，认为子女天然就该听自己的话。但是，随着孩子渐渐长大，不再对孩子的未来有完全的决定权时，孩子就会失控。

也有父母选择"权威服从"一栏，他们常常觉得"我吃的盐，比你吃过的饭还多"，所以天然地觉得自己拥有更丰富的经验和权威，孩子应该听从自己的话。但是，随着他们的这些经验和建议在现实面前碰壁，或者他们自己本身并没有优秀到拥有说服力时，孩子就会开始失控。

现在，越来越多的父母会选择"亲密关系"一栏。这并不是简单地和孩子亲吻、拥抱的亲密关系，而是在你和孩子之间建立起彼此的信任感和安全感。当孩子认为你理解他、懂他、支持他时，他们才会感觉到安全，才会将自己的心里话告诉你，并更容易听从你的建议。

很多时候，我们急于去解决某件事，却忽略了事件中的人。也许这位爸爸当时的心情是，孩子道歉了，这事儿就算处理好了。

但是，孩子的感受呢？2岁半的孩子，很多时候所谓的攻击性行为往往只是工具型的。他并不一定真的是有什么暴力倾向，更多的是想以此达到某种目的。比如试探一下自己的力气大小，比如希望对方走开，比如想获得对方的玩具，等等。

孩子推人，固然不对，但更重要的是将这样的经历变成他学习的机会。推倒了人，如何解决问题呢？不是口头说几句对不起就能解决的，而是能主动地将对方扶起来，关心对方有没有受伤，是不是还好，然后再去道歉，解决刚才的争执。

如果爸爸能在第一天孩子被人推时，关心孩子，并且示范给孩子该如何向暴力说"不"，要求对方道歉，告诉孩子爸爸会支持他和保护他的时候，或许结果就会不一样；如果爸爸能在第二天孩子推人时，首先扶起对方的孩子，询问他是否还好，再要求询问孩子的感受，之后引导孩子道歉，或许结果就会不一样；如果爸爸能在第三天带孩子去花园玩时，聊聊之前发生过的事，讲清楚前后一致，清晰明了的处理原则，并表达对孩子的爱，或许结果也会不一样。

好在，一切都不算晚。

有时候，我们会对自己教育孩子时某些不当的行为感到内疚，但这一切在孩子漫长的成长过程中都是可以纠正的。即使是已经被损坏的亲密关系，也可以由我们的努力一点点去修复。

内疚和自责，解决不了任何问题。相反，从现在开始，在要求孩子的时候，可以尝试把他当作别人家的孩子去处理问题，做法就会大不相同了。孩子犯错时，家长一定要冷静下来，先和孩子建立联结（connection），再来解决问题。

建立"联结"的具体方式包括：

蹲下来，双眼平视孩子；

用肢体语言表达理解孩子；

帮孩子说出此刻的感受，也表达自己的感受；

复盘事件的经过，再商量解决方案；

肯定孩子在处理问题时做得好的地方。

按照这个步骤去试一试，效果也许大不相同！

当我们慢慢地将自己和孩子的关系从尊卑关系转为权威服从再转为亲密关系时，你就会发现，孩子会越来越听话。越早转换，就越容易度过未来的各种叛逆期，并且和孩子保持长久的信任关系。

回过头来看，根本的问题是孩子犯了错，当众训斥却不改吗？显然不是。

父母保护好孩子，孩子才会学会保护自己、保护别人。相形之下，所谓的家教好，只是个伪命题。从这个意义上来说，我宁愿成为孩子被推、被欺负时站出来和其他孩子对峙，和其他小孩子一般见识的父母。这能让孩子从我们前后一致的行为中学到，你不能欺负别人，别人同样也不能随意欺负你。

安全意识

　　对年幼的孩子来说，最好的安全措施就是为他建立一个安全的环境，并将环境中的一切危险因素统统拿掉。然而，随着孩子年龄增长，我们该如何为他建立安全意识呢？

　　有一天早晨，我从睡梦中痛醒了。一睁眼，就看见小萌躲在被窝里，手里拿着一根牙签，在戳我的肩膀，一边戳一边眯眼笑着，等待着我的反应。

　　"妈妈，我把你戳醒了，嘿嘿。"他一脸坏笑地说。"是戳醒的，不是叫醒的哦！"他还开心地补充道。

　　"戳妈妈很危险知道吗？"

　　"嗯。"他顺口回答说，眼神却是呆滞的。

　　显然，他只是随口答应，并不理解我所说的危险，到底是什么危险。

　　"你知道为什么用牙签戳妈妈很危险吗？"提问，是吸引小朋友注意的好办法之一。

　　小萌不说话，看着我，等待我的答案。

　　"你看这牙签，是不是像竹签子一样？"

　　"嗯，是的。但竹签子更长。"

　　"你还记得在哪里见过竹签子吗？"

　　"……哦！"他思索片刻，"我想起来了，吃羊肉串的时候！羊肉就是用竹签子串起来的！"

　　"没错！所以竹签子能很容易戳破肉，对吧？"

"嗯。"

"和竹签子类似的牙签,也会很容易戳破妈妈的肉。"

"哦——!是的是的!原来是这样!因为牙签会戳破妈妈的肉,所以就会伤害你,比如把你眼睛戳得再也看不到东西,耳朵戳得再也听不到东西……"

"对对对,"我赶紧打断他,"牙签很尖锐,所以可能将别人戳伤,是不是很危险啊?"

"是的!妈妈我想起来了。"

"你说得对,会戳穿东西的物品,对我们来说都是很危险的。"我先肯定了他的判断,然后继续提问,"那你还知道哪些会戳穿东西的物品吗?"

"我想想啊……剪刀!

"切菜的刀!

"缝衣服的针!

"吸管尖的那一头!

"超级小飞侠的机翼!

"还有筷子!我用筷子戳穿过纸!"他的思路越来越开阔,发现了更多类似的危险物品。

小萌并非第一次接触"危险"这个词。

事实上,在他3岁之前,我已经教过他很多关于危险的知识。曾经,为了让他充分理解电源的危险,我就跟他模拟触电以后的状态,告诉他,我现在触电了。然后就开始了一场自导自演的"解释"。

首先,我身体力行地来了一场持续的身体抖动;然后,我一翻白眼，倒在地板上，假装晕死过去；接下来，我一直处于装死的状态，尽管小萌试图唤醒我——直到他已经非常着急了，我才醒转过来，对他说："看，妈妈刚刚是假装触电，但要真的触电了，可能再也醒不过来了！再也吃不了好吃的，玩不了好玩的了！"

我那一气呵成的——剧烈抖动、猛然倒地、怎么都叫不醒——表演十分生动，令小萌极其震撼！他眼含泪花，扑过来抱住我说："妈妈，我还以为你再也醒不过来了！"

"是的，如果我真的触电了，可能就真的再也醒不过来了！如果你触电了，妈妈也会像你刚才那么难受！所以你看，电源真的太危险了！"

自此以后，小萌牢牢地记住了——要远离电源。

很多时候，大人觉得自己已经把话说得很清楚了，但小朋友可能还是一知半解，甚至根本就没听懂。对小朋友的教育，很大程度上，都是在做解释工作。

"别碰杯子！"我们下了命令，但这个命令的背后可能有很多不同的原因。也许杯子是玻璃的，容易打碎，所以不能碰；也许杯子里有热水，容易烫手，所以不能碰；也许杯子刚洗完，小朋友手脏，所以不能碰；也许杯子有缺口，容易划手，所以不能碰，等等。

情急之下，我们有时确实需要简单粗暴有效的命令来快速阻止孩子的行为；但在这些命令后，我们还需要跟孩子解释清楚——为什么。对于3岁以上的孩子，最好还能再教他们举一反三，将这一类的事情都理解透彻。

能让孩子理解的解释，才是最好的解释。当孩子理解了，我们才不会白费口舌。

总说"对不起"

我们都希望孩子成为不卑不亢的人，所以特别不希望他从小就一副奴颜婢膝的样子，追在人身后道歉。

可现实中总有这样的孩子。一位妈妈对我说，她家孩子在和小朋友玩的过程中，不小心弄倒了小朋友手上的玩具，小朋友就特别生气地说："不和你玩了！不和你玩了！不和你玩了！"于是呢，她家孩子就追着说对不起，别人不理他，还继续大声说："不和你玩了！"孩子依然一直追着人家道歉。那个时候，这位妈妈就感觉孩子是在不断讨好对方，但对方却不领他的情，因此感到非常苦恼，不知如何和孩子沟通。

其实，当孩子出现问题时，如果我们能够和他们沟通，就是最好的教育机会！

问题的关键，并不是孩子一再跟人说对不起，而是他内心的动机——想要跟人继续玩，所以选择不断道歉。这样的行为，只能说明孩子很珍视和对方的友谊。同样身为父母，我很理解这位妈妈的心情，简直就是恨铁不成钢：太怂了！没骨气！不理就算了呗！

当我们对孩子的某些行为感到非常生气的时候，不妨想想，这样的行为源自何处？

现代心理学奠基理论之一的人本主义心理学的先驱阿尔弗雷德·阿德勒认为：一个人的经历带来了感受，而对感受的诠释则塑造了信念，从而帮助我们做出决定。

那么，就让我们一起将此刻的时间往回拨，看看孩子在做出如此没有骨气的行为之前，到底——经历过什么？感受到什么？如何对此进行阐释？有怎样的信念？做出了什么决定？

我尝试列出了以下五个生活场景，是不是看起来多少有些眼熟？

场景一：孩子大发雷霆，家中的长辈追着他一直说对不起、对不起，希望能让他平静下来。

场景二：家长第一次大发雷霆，孩子不知所措，于是家长觉得要给孩子一个教训，就反复地要求孩子回答哪里做错了，为什么做错？以后应该怎么办？在这个过程中，孩子会不断地重复认错和道歉。

场景三：家长此后大发雷霆，孩子回想起当时的害怕和恐惧，就说对不起。家长气还没消，越说越气，甚至说出以后再也不带你出去玩、再也不给你看iPad、再也不要你了等话。孩子道歉也没用，只能升级为号啕大哭。

场景四：孩子做错了事，跟家长说对不起。家长一听到对不起，就消气了，跟孩子说算了，下次注意点，然后自己去帮孩子收拾烂摊子。

场景五：一位家庭成员的脾气很火爆，当他暴怒时，其他家庭成员需要一再地说对不起或者主动道歉，来平息他的怒火。

不论是一手经验还是二手经验，孩子从中感受和学习到了什么？

大概是被抛弃和被打骂的紧张、担忧和害怕，乃至恐惧。这些负面情绪，会促使他不停地道歉。当他发现道歉也没用，反正父母都会继续打骂，或者根本不听自己道歉的时候，他们会主动屏蔽父母的言语——不论父母说了多少、有多激烈——选择沉默、沉默、再沉默。

在这些经历中，孩子没有学到什么？

他没有学到——如何让对方的情绪平静下来。因为，家长还没有平静下来，就开始带着情绪要求他给别人道歉、认错、再道歉；

他没有学到——有问题以后该如何和对方协商。在传统的父尊子卑的亲子关系中，孩子是没有话语权的，更谈不上协商；

他也没有学到——如何提出解决方案。家长可能消气了，就让他走开了，不参与后续的处理工作：弄洒了饭菜，骂一顿，家长还是自己收拾；弄坏了玩具，骂一顿，将玩具丢掉；弄脏了衣服，骂一顿，继续穿着脏衣服，等等。

仔细想一想，这类事是不是很常见？

孩子行为的背后有着非常复杂的原因——这些，是家庭以外的人无法看到，但家长自己留心观察却很容易发现的。了解了孩子行为背后的原因，才能找出适宜的解决方式。

我们也许可以试着告诉孩子：下次对方生气，我们就走开——但要是在班级里、公司里，或者面对老师，他走不开呢？对方生气，说三遍对不起没用，就走开，但下次你也生气，对方也说三遍对不起，感觉没用后对方走开了，你是什么心情和反应？这些看似脱口而出的答案，除非对方是不讲理的人，否则在大多数情况下，真的不管用。

现在，让我们一起回到开始的那句话：这正是孩子直面冲突，开始学习解决问题的好机会！这时，我们可以教给孩子：

第一步，给对方一些时间，让对方发发火，之后就会平静下来；

第二步，说出自己的观察。我刚刚弄坏了你的玩具，我看到你特别生气，因为你很喜欢这个玩具，一点儿都不希望它被弄坏，对吧？

第三步，说出自己的感受。当你生气的时候，我觉得很害怕，因为我真的很担心你再也不想和我一起玩了。

第四步，说出自己的请求。我会再小心一点儿，尽量不把你的玩具弄坏。现在，玩具就由你拿着就好了，或者你教我应该怎么玩，咱们就可以一起玩了！

这四步沟通，是来自马歇尔·卢森堡博士的《非暴力沟通》一书中的原则和方式，它适用于任何亲密关系，不论是我们和父母，我们和伴侣，还是我们和孩子之间的沟通。

在我们的成长过程中，可能并没有接受过这样的教育，这不要紧——我们已经基于自己所了解的一切尽力做到最好了。作为新一代的学习型父母，当我们学得更多，一定也能做得更好。

附 录

附录1：长期打骂孩子的危害

父母打骂孩子的根本原因是孩子没有达到自己的期望，但也可能是无意中发泄自己的情绪。打骂孩子的理由包括：

——因为他们做错了。

即便孩子做错了事，处理方法也有很多，而不仅仅是"打"这一个选项。

——打了就听话了。

惩罚确实能在短期内纠正孩子的行为，却无法矫正孩子内在的道德感。比如孩子偷钱被打了，也许孩子会更加谨慎小心地偷钱，避免被抓，而不是去改变偷钱的行为。

——简单、粗暴、有效。

养孩子不是养宠物。马戏团的驯兽师都会用食物奖励和皮鞭惩罚来驯兽，但孩子不是马戏团的动物，他们不应该只出于外在的刺激去行事，而应该养成独立思考和行动的能力。况且这样做是否有效，还很难说。

——和他们讲不通道理。

没有站在孩子的立场去思考问题，也不关注孩子特有的发展阶段，当然无法和孩子讲明白道理。更常见的情况是，家长自己无法坚持原则。例如，说好不给零食了，又忍不住给孩子零食，而当孩子一再要求吃零食时，家长却开始打孩子。这会让孩子十分迷惑，也会降低家长的威信。

——我说的话他怎么都不听。

家长认为自己失去了对孩子的控制权，而打一顿可以快速夺回短期的控制权。这种权力的获取，是以伤害孩子的行为来实现的。家长在潜意识中认为——我能使孩子痛苦＝我有权力＝我比孩子强大。

　　——男孩皮实，不怕挨打。

　　男孩和女孩一样是孩子，他们有同样娇嫩的肌肤和同样天真的心灵。也许正是因为男孩挨打多，才会让他们变得对挨打更加麻木。

　　——我小时候也是被打大的。

　　将自己的不幸投射在孩子身上，是亲子关系中常见的一种现象。但是，常见并不代表就是好的。通常童年遭受暴力的孩子，成人以后更有可能对别人施暴。

　　——我太生气了，忍不住要打他。

　　打孩子被当作是家长发泄情绪的一种方法。成人生气多半是因为未能达成所愿，或者错误的决定导致了严重的后果。因此，在孩子未能达到自己的期望时，他们会在潜意识里认为是自己教导无方，但是，我们却无法对自己发泄愤怒，于是转而将愤怒发泄到孩子身上。

　　——我不知道怎么办才好了。

　　无助的家长很容易选择体罚孩子的办法，因为想不出别的办法了。

　　——我是他爸／妈，我打他天经地义。

　　家长固然对孩子有生养之恩，但孩子诞生后就已经是独立的个体了，必须尊重孩子，才能赢得孩子的尊重。

　　长期打骂不仅会对孩子的生理造成伤害——包括某些不可逆

转的伤害，还会给孩子带来心理压力。通常来说，孩子具备与成人一样的压力反应系统，一旦他们身处的社交环境充满了愤怒，孩子的压力应对系统就会失效，致使其要么始终处于精神高度紧张的状态，要么彻底崩溃。

甚至有人尖锐地指出：要想让婴儿的大脑发育出问题，不必将他扔进集中营，只需一醒来就让父母不断拳脚相向就可以了。

压力会影响到孩子的思考、行为和感觉的方式，主要包括以下几个方面：

（1）生理。引起头疼、肚子疼、睡眠障碍、如厕困难、免疫力下降等。

（2）行为。引起规避性行为，如回避他人目光、很少交流、独自流泪等；破坏性行为，如顶撞父母和老师、破坏玩具等；倒退性行为，如尿裤子、咬指甲、口吃等。

（3）情绪。引起情绪失常，如闷闷不乐、爱发脾气、缺乏信心、不活泼等。

（4）性格。引起性格改变，如易躁易怒、爱钻牛角尖、退缩孤僻、不合群等消极性格。

孩子尚不具备较好的自控能力和辨识能力，因此过度给孩子施压将造成极为严重的后果。

当然，可能有人会说，也有"越挫越勇"的情况发生，这是怎么回事呢？

从20世纪80年代开始，心理学家观察到一种现象，即那些曾经历过严重压力和逆境的孩子，长大成人以后并没有产生明显的心理社会功能问题。

研究发现，具有心理弹性的儿童对他人的心理揣测能力（mind reading），以及其心理理论（theory of mind）要优于缺乏心理弹性的儿童，具备更积极的人际交往特征，更倾向于谨慎的认知，并能调配更多的社会资源应对压力和逆境。

但是，能"越挫越勇"的孩子，首先要发展出健全的心理揣测能力和心理理论，在此基础上才会在遭遇逆境和压力时更好地应对，不至于产生严重的心理社会功能问题——因此，越是幼小的孩子，越是不能打骂或给予过大的压力。

附录 2：伴侣打孩子，我该怎么办？

"孩儿妈又在训孩子了！"朋友抱怨，"已经11点了，还不让孩子睡觉。"

"发生什么了？"我们关切地询问到。

"还能有什么，教数学不会呗！"朋友说。

朋友在上海，父母都是高级知识分子，工作后一路升到外企高管。不但花重金让孩子上国际学校，还给孩子报了不少课外辅导班。例如，数学、英语、认字等，这还是基础班，此外还有钢琴等课外课程。

"我真是又心疼又生气，"朋友接着说道，"5岁的孩子了，连两位数的加减法都不会。"

"这不是很正常吗？何况上海私立小学的入学考试，不是最多考20以内的加减法吗？"

"那是常态。好的私校，哪个不是要求入学就测试100以内的加减法啊！"朋友开始给我普及幼升小的重重关卡，末了还说，"其实我也怪心疼孩子的，这个月已经是第三次了，他一旦学不会，他妈就把以前的玩具给扔垃圾桶了。"

"扔了三大包了，再扔一次，他就什么玩具都没有了。"

接下来朋友播放了一段语音实录："知不知道要进位！啊？！6加5，等于多少？！"不等孩子回答，那声音又继续道，"11啊！6加5不是等于11吗？啊？11怎么办？要进位是不是？进位怎么办？你说话啊！你说啊！你怎么这么笨？"

还算是有理智的，不是单纯地骂。虽然语气不好，但始终是在教孩子数学内容的。群友们在这两点上达成了共识。

"这会儿算好了，"朋友继续打字道，"刚刚那阵歇斯底里的时候，我都没敢录。"

"他妈平时脾气也蛮好的，但一辅导作业就这样。孩子平时也挺机灵的，但一写作业就好像什么都教不会。33+45，33+48，不进位加法，进位加法，怎么都教不会。"

"以前看新闻说，当妈的给孩子辅导作业辅导出心梗，现在我算是信了。"

"那你呢？你不上去帮帮孩子吗？你不是也很心疼孩子吗？"

"心疼归心疼啊，"朋友说，"我可不想被赶去睡地板……完了，又骂起来了！"

朋友的妻子在气头上，决定取消孩子次日的一切娱乐活动，除非5岁的孩子能学会两位数的加法，而且还需要搞明白什么是进位。

"这难道不是以前我们小学三年级才需要学的内容吗？"我们感到很奇怪，"现在我们也不会进位啊，有计算器按几下不就好了吗？"

"哎！"朋友长叹一口气说，"他妈觉得他应该会。"

原来，有一种"会"，叫——"他妈觉得他应该会"。

大家也许觉得很夸张，但因为辅导作业开始打骂孩子，无法抑制自己情绪的那种感觉，到孩子开始有作业了，你就懂了。

甚至，在某个育儿群里，前几天的画风是这样的："哎，今天没忍住，揍了娃，心里特别内疚。"

"没事，放松，揍娃，说明你家娃很正常，你也很正常，欢迎来到高年级的世界。"

"难免的，我家也揍过。"

"就是啊，让那些说我们无能为力的人说去吧，我确实无能为力了。反正我家娃，真的打一顿就会了。"

打骂孩子会造成怎样的影响，我们已经在上文中谈过。但如果伴侣打骂了孩子，我们自己该怎么办呢?

改变别人是一件很难的事，前提是对方自己愿意改变，否则你永远无法叫醒一个装睡的人；但改变自己不一样。在这点上，我们每个人都是通过改变自己的观念，去改变自己行为。但不管你的另一半/父母如何对待孩子——也许是过分宠溺，也许是过度严苛——我们要做的是"刚刚好"的家长。

所谓"刚刚好"的家长，是当孩子写不出作业，伴侣可能在歇斯底里地发脾气，扔掉孩子的玩具，取消已经安排好的行程的时候，不跟伴侣一起打骂孩子，也不是偷偷地给孩子买回新的玩具，安排新的出行行程以作补偿——而是"区分是非"，然后处理问题:

如果，写不出作业是因为态度不端正，那你需要和孩子一起坚持完成。我家常用的做法是反复告诉孩子"写完这几个字以后，就可以进行下一项娱乐活动了"，从而鼓励孩子;

如果，写不出作业是因为孩子已经相当疲惫了，那你需要让孩子先休息，一切等明天再说。当孩子因身体不适而强行学习时，可能会厌学，即使勉强做题，也会学习效率低下，不如让他休息好了，以更高的效率去学习;

如果，写不出作业是因为教的方式孩子难以理解，那你需要自己上阵，以孩子能听懂的语言去沟通。

如果，写不出作业是因为真的超纲了，而孩子只是个普通孩子。那你需要和对方一起调整对孩子的预期。真的，有时候10以内的加减法，4岁的时候可能要花费1个月去学习，而5岁时只需要花费1个星期而已。

这就是"刚刚好"的家长。

不因为另一半／老人过分宠溺孩子，自己就对孩子过分严苛，这无疑是在推开孩子。而且，当孩子对本就过分宠溺的老人产生更强的信任感以后，会更加和你对着干——因为他知道自己有靠山。

不因为别人对孩子过分严苛，自己就想补偿孩子，于是变得额外没有原则。也是同样的道理。

恰恰因为伴侣做得不对（过分严苛／宠溺），你才要做不偏不倚——一个刚刚好的家长，这样才能让孩子看到到底什么才是正确，什么才是错误的——就像是在一片混沌之中，让他看到了理想的光芒。

教孩子遵守规则，在边界内做事，是未来让他立足社会的根本之一，这种教育能够让他受益终身。而你所需要做的，是不因别人宠而自己严，不因别人严而自己宠。不管别人的养育方式如何，你要做的只是——做一个"刚刚好"的家长。

有时候，书只不过被当作催眠的利器，

然而，一本书能让失眠的人睡去，也能让沉睡的人醒来。

有多少书，能让我们看清这个世界，成为我们看不见的竞争力；

又有多少书，能让我们在看清这个世界的同时，仍旧热爱这个世界。

阅读增添感性，也是一种新的性感。

你所读过的任何书，都会进入你的心灵和血肉，并最终构成你最甜美的部分。

关于人生大问题的答案，要你自己去慢慢拼凑；

但一本本的书给出的小小回答，却可以帮你抵抗终极的恐惧。

我们的一生有限，你想去的地方，你要做的事情，也许总不能完全成为现实。

唯有读书的时候，你可以在灵魂中撒点儿野。

要知道，人生终须一次妄想，带领我们抵达未知的生命。

你的时间那么贵，要留给懂你的人。

六人行秉承"爱与阅读不可辜负"，个人发展学会坚持"陪你成长，持续精进"。

我们想让你在爱的路上想爱就爱，在成长的路上一直成长。

我们，也想要成为你精彩人生中不可或缺的一部分。

在您还没有和这本书开始灵魂碰撞之前，我们想先送您一份见面礼：

福利一：关注微信公众号：个人发展读书会，在公众号回复【365】，即可免费加入《365天读书计划》，一年读50本书，唯爱与阅读不可辜负！

福利二：关注微信公众号：个人发展读书会，在公众号回复【14】，即可免费获得价值199元的14天沟通力提升训练营，轻松成为沟通达人！

福利三：关注微信公众号：个人发展读书会，在公众号内回复【咨询】，您将可以获得资深职业辅导师一次一对一的职业咨询，手把手帮您解决职业烦恼，用持续精确的努力，获得丰厚的职业回报！

我们鼓起勇气，冒昧地给未曾谋面的您，准备了这样一份礼物。如果您愿意收下，我们会为遇到了知音感到欣喜；如果您对这份礼物不感兴趣，我们也期待在未来的某一天，我们会再次相遇。

唯爱与阅读不可辜负

扫码有惊喜